Evincepub
Publishing

Evincepub Publishing

Nehru Nagar, Bilaspur, Chhattisgarh 495001
First Published by Evincepub Publishing 2020
Copyright © N.B Gohil2020
All Rights Reserved.

ISBN: 978-93-5446-002-9

"कुछ बीच पंक्ति के सार"

न्रेंद्र सिंह बी गोहिल

या देवी सर्वभूतेषु विद्या रूपेण संस्थिता।
नमस्तस्यै, नमस्तस्यै, नमस्तस्यै नमो नमः।।

प्रकाशन तारीख

16/02/2021

बसंत पंचमी

समर्पण

"उन सब घटनाओं को जिससे मुझे लिखने की प्रेरणा मिली "

प्रस्तावना

"कुछ बीच पंक्ति के सार" के प्रथम खंड में जीवन की वास्तविकताओं को काल्पनिक तरीके से शायराना अंदाज में पेश करने की कोशिश की गयी है। जिंदगी में कई बार बोला कुछ और जाता है और उसका भाव या अर्थ कुछ ओर होता है, कई बार कुछ बोला नहीं जाता है पर सिर्फ समझना होता है-इसको बीच पंक्ति का सार बोलते हैं। जो व्यक्ति ये बीच पंक्ति के सार को नहीं समझ सकता है वो मूर्ख है। पर ये बीच पंक्ति के सार को समझने के लिये थोड़ी सी बुद्धीमता की ज़रूरत होती है। हा इसमे कोई अलग से शिक्षित होने की ज़रूरत नहीं है बल्कि कई बार कम पढ़े लोग ये बीच पंक्ति के सार को ज्यादा जल्दी और अच्छी तरह समझ सकते हैं। जो लोग इस बीच पंक्ति के सार को जितना जल्दी समझ ले उसको ही समजदार व्यक्ति कहा जाता है।

यहाँ पर पुरानी कहावतों, पुरानी कथाओं के संदर्भ में भी जीवन की वास्तविकताओं को समझाने की कोशिश की गयी है। इसमें समाज के हर व्यक्ति के द्रस्टीकोण से शायरी लिखी गयी है चाहे वो प्रेमी हो, गरीब हो, अमीर हो, मजदूर हो, साधू-संत हो या खुद खुदा क्यूँ न हो। जिस नज़्म को समझने में कठिनाई हो रही है इसके ऊपर थोड़ा सा शीर्षक दिया गया है ताकि समझने में आसान रहे। ये सब मुक्तक हर इंसान को कहीं न कहीं, किसी भी रूप में अपने जीवन से ताल्लुक रखती होगी।

"कुछ बीच पंक्ति के सार " के द्वितीय खंड में छोटी-छोटी कविताओं का संग्रह है। खास दौर पे ये कवितायें प्रकृति पर लिखी गयी हैं। हम सुख-शांति ढूँढने के चक्कर में प्रकृति से बिखरते ही गये, पर हुआ उल्टा की सुख की बजाय हमारे जीवन में अशांति बढ़ती ही जा रही है। इस काव्य संग्रह का एक ही उदेश्य है कि हम प्रकृति की ओर वापिस आये।

खंड-1

(मुक्तक)

(1)

हम तेरे प्यार में इतने मासूम हो गये।

राधा बन न पाये तो मीरा बन गये ॥

(2)

चापलुसी करना मेरा काम नहीं।

इसीलिए

तेरे नजदीकीयों में मेरा नाम नहीं ॥

(3)

सियासती सभाओं को थोडी शक से सुना करो।

बीच पंक्ति के सार को भी थोड़ा सुना करो ॥

(4)

क्या पता किस्मत की करवट कब बदल जाये।

रात का बेखबर कोई, कल का अखबार बन जाये ॥

(5)

नेताओं से मिला हुआ **Contractor**/व्यापारी ईमानदार
Contractor/व्यापारी को कहते हुए

हर बार हरीफ़ाई में तू मुझसे हारी है ॥

क्योंकि

सरकार से मेरी यारी है ॥

(6)

सरहदों पर नफरतें कायम रखना हमारी सियासी मजबूरी है।

सत्ताए इतनी सस्ती कहा है, जितना रक्त मुल्कों में मिलता है ॥

(7)

अधूरे रह गये शौख सिकंदर के, अधूरी ख़्वाहिशें लंकेश की।

सज गये सपनें शबरी के, बोलो जय श्री राम की ॥

(8)

शराबबंदी पर ...

दोपहर में ही खूब महफिल जमी हुई है।

लगता है शाम के बाद शहर में शराबबंदी है ॥

(9)

आगे बढ़ने के लिये की जाती चापलूसी पर...

मैं कोई स्वयं-प्रकाशित सितारा नहीं।

इसीलिए चमकने के लिये

सुरज की जी-हुजूरी के सिवा कोई चारा नहीं ॥

(10)

"बदनाम हुए तो क्या नाम तो हुआ" की मानसिकता पर...

तू एक स्वयं प्रकाशित सितारा है।

नाम कमाने की कोशिश में तू बनता चाँद बिचारा है ॥

(11)

हर बात पर फरियाँद करना तेरी आदत बड़ी निराली है।

आज कल की तो है नहीं, लगता है ये अदावत बहुत पुरानी है ॥

(12)

अपने स्वार्थ खातिर समाज में बटवारे करनेवाले लोग पर...

मत फूँको इन अंगारों को, थोड़ी सी हुंफ की खातिर।

लगी आग तो बहुत दूर तक जाएगी,

जहाँ हम रहते हैं वहाँ तुम भी तो रहते हो ॥

(13)

बरसो बीते अजनबी बने, मानो वो अगला जनम ही था।

मैं तो सब भूल गया, उसे तो पूरा पुनर्जन्म याद था ॥

(14)

गोपनीय पर सब को चुप के से सबको पता होती हुई बात पर...

तेरे को पता नहीं ये बात बड़ी अकल्पनीय है।

सारे जग को पता है कि ये बात बहुत ही गोपनीय है ॥

(15)

युधिष्ठिर पर / शेरबजार के खिलाडियों पर...

हम शतरंज के पक्के खिलाड़ी नहीं, फिर भी इस खेल से हम रूठे नहीं।

हारते ही गये, हारते ही गये, फिर भी वहाँ से हम उठे नहीं ॥

(16)

अच्छे दिन पर...

आसमां से गिरते तारे हररोज दिखते नहीं।

मांग लो कोई मन्नत, हर दिन जन्नत के होते नहीं ॥

(17)

अनुभव पर....

जवानी के जोश में मैंने दौड़ लगाई बड़ी शोर से।

ठोकरे खाता ही गया, खाता ही गया

मौन होता ही गया, होता ही गया ॥

(18)

सियासत में अच्छे लोग पर...

सियासत की गलियों में ऐसी मासूमियत देखी नहीं।

अमावस्या की रात में ऐसी चाँदनी देखी नहीं ॥

(19)

कुछ दिन तो मंडी में मेरी बोली मत लगाया करो।

कुछ दिन तो मुझे जीने के लिये छोड़ दिया करो ॥

(20)

अंगत वेरभाव का काम पर/ Organization पर असर डालनेबाले लोग पर...

तेरे साथी से तुझे अदावत थी।

पर इसमें पूरी सेना से तूने क्यों बगावत की ॥

(21)

Intelligence में काम करते व्यक्तिओं पर...

ये बात तेरे मेरे बीच में ही रहनी चाहिए, रात के बाद ये बात सितारा बन
जानी चाहिए।

दोस्त,

तेरे को ये चाँद की कसम, सूरज होते ही ये दोस्ती अजनबी में बदल जानी
चाहिए॥

(22)

लगता है खुदा को मेरे किरदार की आज भी ज़रूरत है।

नायक नहीं तो खलनायक के रूप में ही सही,

मेरी कलाकारी की आज भी ज़रूरत है,

मैं तो रोने लगता हूँ सच में,

उसे तो मेरी बहेतरीन अदाकारी की ज़रूरत है ॥

(23)

आयने में जो दिखता है वो तेरा ही तो चेहरा है।

लौटकर आई हुई गूंज तेरी ही तो आवाज है।

भरी रोशनी में छाया हुआ अंधेरा तेरी ही तो परछाई है।

मत रो अपने करम पर इतना,

जमा हुई पूंजी की, उधारी ही तो हो रही है।

(24)

उनको समझाओ कोई की ये रात है।

जो भी चाँदनी है वो तो सूरज की खैरात है ॥

(25)

जी-हजूरी के चक्कर में शेठलोगों को सच नहीं कहनेवाले नोकरशाहों पर...

मालूम तुम को भी है, मालूम हम को भी है।

तुमको तुम्हारे अहम की पड़ी है, हम को हमारी नौकरी की,

दिन को रात कहने के चक्कर में, कहीं सचमुच शाम न ढल जाये ॥

(26)

कथनी-करणी में फर्क वाले लोगों पर...

तैयार हम भी हैं, तैयार तुम भी हो।

फिर इतना क्यों शोर-बकोर है,

शायद इसीलिए ही आज हमारी मंशा पर सवाल है ॥

(27)

ईमानदारी पर...

पढ़ाई से है या पसीने से है।

इन धन कुबेरो को कह दो कोई,

मेरे पास जो भी है वो मेरी शराफत की कमाई से है॥

(28)

राज्यसभा के चुनाव दौरान धारासभ्यों को सामने वाली पार्टी से मिलती ऑफर पर...

ये जाम का प्याला भी मेरे होठों के पास आकर ही छलका।

मेरे दुश्मन भी, मेरे मन को ये रिश्वत देकर ही अटका ॥

(29)

For polite persons in Politics/Administration

सत्ता के साथ ऐसी विनम्रता देखी नहीं।

सुबह के सूरज में ऐसी शीतलता देखी नहीं ॥

(30)

मुझे पहचानने वालों का ये आखिरी शहर है।

इसके आगे सब मेरे अतीत से अनजान हैं ॥

(31)

वर्तमान में नहीं जीने वाले लोगों पर...

आज में रहने की आदत नहीं

शायद इसीलिए

तुझे कल के याद की ज़रूरत है ॥

(32)

मंज़िलों में आती रुकावट पर...

बाहर बहुत घना कोहरा है, दूर का कुछ दिखता नहीं।

होले होले चलते जाओ, द्वारिका इतना दूर भी नहीं ॥

(33)

ईश्वर से मांगने रहने की आदत पर...

कल रास्ते में ख़ुदा मिल गया ।

अमरत्व मांगा तो अश्वत्थामा बन गया ॥

(34)

जो पानी से भरी मेरी नम आँखें थी।

वो ही तुम दिल में होने की आखिरी निशानी थी ॥

(35)

दुश्मनों की हर चाल इसबार नाकाम रही।

क्योंकि

इसबार तैयारी हमारी तमाम रही ॥

(36)

अब मेरे लिए दुवाएं करना रहने दो।

अब मुझे जनम जनम के करम को सहने दो ॥

(37)

करम कल की बात है,

उध्यम आज की बात।

उध्यम अपना करते जाओ,

क्या पता करम में ही उध्यम लिखा होई ॥

(38)

अपने गुरु से हमनें आत्म साक्षात्कार का तरीका पूछा।

वो बोले,

"तू मुलुंड के मध्य में खडा है और तूने मुंबई जाने का रास्ता पूछा"

(39)

हँसना था तब मैं रोता गया, रुकना था तब मैं दौड़ता गया।

अटकना था तब मैं बोलता गया,

लगता है जब जब लक्ष्मी आई,

तब तब मैं मुँह धोने को गया ॥

(40)

मानव के हाथों संसार चलाते ईश्वर

सपनें दिखाता गया, जोश भरता गया।

मैं दौड़ता ही गया, वो अपना काम करवाता ही गया ॥

(41)

कुछ पंक्तिया Administration/Management के लिये भी...

नाकाम-निक्कमी-नालायक है,

बहुत कोषा सरकार को।

ढूँढता हूँ आज भी उनका वो चलानेवाला राज,

जब चलाना पड़ा इतने बड़े राज को॥

(42)

सरकार के पैसे ले ही लेने की आदत पर...

मजा आ गया थोड़ा हिस्सा लुटके सरकार का।

हिसाब लगाया, ज्यादा लुटाया हिस्सा अपने आप का ॥

(43)

हर हाल में ख्यातनाम होने की तमन्ना पर...

सितारा होगा तो चमकेगा, किसी ने रोका थोड़ी है।

हरेक चाँद को चमकाना सूरज का ठेका थोड़ी है ॥

(44)

बसंत ऋतु पर...

भीतर मन महक उठा है।

लगता है

बहार बसंत ने दस्तक दी है ॥

(45)

तुमसे बिछड़ने का जो डर था।

तेरे जाने तक ही था ॥

(46)

Free Internet Service पर

मुफ्त लेने में मुझे थोड़ी सी मायूसी भी है।

शायद, थोड़ी भीति जासूसी की भी है ॥

(47)

नशा बहुत ही नशीला है।

पहली धार के जाम का हो

या

पहले प्यार के नाम का ॥

(48)

लोकतंत्र की हकीकत...

प्रजासत्ताक देश की प्रजा को समझा दों कोई

चुनाव के बाद,

श्राप देने के अलावा तेरे पास कोई सत्ता ही नहीं ॥

(49)

अब आखिरी कोशिश मुझे करने दो,

एक बार और मुझे हारने दो।

आखिरी बार ज़हर का जाम मुझे पीने दो,

जीते जी ही एक बार मुझे मर जाने दो ॥

(50)

For Private Sector Employee

काश, सरकार ही मेरा मालिक होता।

कोई दिन तो मेरा भी अवकाश रहता ॥

(51)

सुख की सच्ची शोध....

मैं तो शांति से समाधि में बैठ गया।

सुख की शोध में तो बहुत बड़ी भीड़ लगी थी ॥

(52)

अगर हम बदलेंगे तब ही देश बदलेगा...

सियासत बदले, व्यवस्था बदले, बदले देश का वेश।

इसके निमित हम ही हो, बस इतना सा है संदेश ॥

(53)

उड़ावी स्वभाव वाले पर....

लेणदार की मुलाक़ात हफ्ते में दो बारी है।

लगता है आय पे खरचाई थोड़ी भारी है ॥

(54)

देश की मूल समस्या-वस्ती विस्फोट

मेरे को थोड़े मत की ज़रूरत थी।

इसीलिए

ये वस्ती विस्फोट की ज़रूरत थी ॥

(55)

माना के मुख्य किरदार हम नहीं, साथी कलाकार में नाम तो सही।

पूरे यश का हम हक्कदार नहीं, अपने भाग का हिस्सेदार तो सही ॥

(56)

ऐसे तो ये शहर मेरे लिये अनजान है।

फिर भी यहाँ पर मेरी थोड़ी सी पहचान है ॥

(57)

सपना तो सपना है, दिन का हो या रात का।

दिल पे लेने की आदत छोड़ो, मामला छोटी सी रात का,

जगना ही तो है सिर्फ उपाय, नींद में से हो या भ्रम में से ॥

(58)

समस्याओं का कारण-स्वभाव

बाकी सब कुदरत की मेहरबानी है।

सिर्फ स्वभाव में थोड़ी परेशानी है ॥

(59)

रक्त नहीं दिखता मजहब....

लहू की नीलामी लगी थी, मांग बहुत भारी थी।

बोली बड़ी लगी थी, फिर भी मज़हब लिखाना मजबूरी थी ॥

(60)

दोस्ती टिकानी हो तो उनके अंगत जीवन का सन्मान करो...

तेरी मेरी दोस्ती दिन ब दिन बढ़ती ही गई।

जब बात जाम छोड़ने की आई, बात वहाँ आके अटक सी ही गई ॥

(61)

पढ़ाई में सो में से नबे उनके अंक हैं ।

फिर भी नौकरी के लिये वो ना-लायक है ॥

(62)

पुराने ये खेल में नियम नये नये हैं।

पहले जहाँ छक्का था अब वहाँ आउट हैं,

जल्द ही अपना खेल बदलो, वरना हरिफ़ पीछे हज़ार हैं ॥

(63)

आज में जियो...

कल के सूरज के इंतज़ार में आज की चाँदनी चली न जाये।

कल की शुभ घड़ी के इंतज़ार में,

आज के अमृत का मूहूत निकल न जाये॥

(64)

सत्ता के शोर में तूने मेरी खामोशी को सुना नहीं।

तेरी लाख कोशिश के बावजूद भी फिर से वो मैं बोला नहीं ॥

(65)

सफलता ओर काबिलियत कई बार साथ नहीं होती...

इसबार भी नीलामी में बिका नहीं।

लगता है मेरी काबिलियत को

मालिकों ने इसबार भी सही आँका नहीं ॥

(66)

लगता है तुमको अपने साथियों पर भरोसा थोड़ा कम है।

इसीलिए

तेरे आसपास के लोगों में काबिलियत थोड़ी कम है ॥

(67)

मैंने तीर छोड़ा आसमाँ में, लग गया तुमको इसमे मैं क्या करूँ।

मैने प्यार पिरसा सबको, दर्द हुआ सिर्फ तुमकों इसमे मैं क्या करूँ ॥

(68)

नौकरी उनकी आयकर में है।

फिर भी नाम उनका किरायेदार में है ॥

(69)

माना के बिना जाम महफिल जमती नहीं।

लेकिन क्या करूँ, जाम से मेरी बनती नहीं ॥

(70)

जंग के लिये उत्साही लोगों के लिये...

जंग के लिए तू बड़ा उत्साही है

क्योंकि

तेरे पिया वतन में ही है,

लेकिन याद रहे

किसी के पिया सियाचिन में भी है ॥

(71)

हिटलर पर....

तेरी अदाओं पर इतने आफ़रीन हो गये।

तुझमें मुल्क का मसीहा देखने लगे।

तू जो बोले उसको संविधान समझने लगे।

तू जो पहने उसको परिधान मानने लगे।

वक्त के साथ तुम गुमनाम हो गये।

दुश्मनों के हवाले तुम तो हमारी जान करके गये ॥

(72)

जिस शहर में मेरा प्यार है।

इस शहर से अब हम तड़ीपार हैं ॥

(73)

हा पस्तावों -एक पावन सा झरना...

थोड़ा सा पस्तावा ने वालिया को वाल्मीकि बना दिया।

थोड़ी सी माफी ने इशु को विभु बना दिया ॥

(74)

धीरज -सबसे अच्छा गुण...

चाहे लाख गालियाँ दिलवाये तू, मेरी धीरज का बांध टूटेगा नहीं।

चाहे लाख कोशिश करवाये तू, मेरी उंगली से सुदर्शन छूटेगा नहीं ॥

(75)

अच्छी महेमानगति/नवाजी पर...

इतनी सवलते मत दे मुझे, तेरी आलोचना का बहाना नहीं बचेगा।

वतन वापसी के वक्त, तेरे अलावा कोई अफसाना नहीं मिलेगा ॥

(76)

अपनी मेहनत पर भरोसा......

माना की मेरे घर केदरवाजे पे घोड़े की नाल नहीं।

मगर मेरे पैरो में कोई लोहे की जाल भी तो नहीं ॥

(77)

इस मेले में तेरा अकेलापन,

भीड़ से तेरा अगवापन,

लक्ष्य की ओर तेरा पागलपन,

तेरी इस अदाओं में मुझे बड़ा तूफान नजर आ रहा है।

(78)

गांधीजी के नाम से होती सियासत....

बबाल सिर्फ गांधीजी की खादी का थोड़ी है।

सवाल हस्तिनापुर की गादी का भी तो है ॥

(79)

धंधे में थोड़ा स्वार्थी हूँ।

पर

हाथ से बड़ा परमार्थी हूँ ॥

(80)

तांत्रिको/धर्म के नाम पे धंधेवालों पर....

खुदा के नाम पर थोड़ा डरा लेता हूँ।

इसमें से थोड़ा कमा भी लेता हूँ ॥

(81)

अपमान का घुट अब ज्यादा पी नहीं सकता।

कंठ में विष अब ज्यादा रख नहीं सकता ॥

(82)

ये सब हकीकत है...

स्वार्थ बिना सियासत नहीं,

नहीं पानी बिना खेत।

प्रतियोगिता बिना उत्तमता नहीं,

नहीं समझा जी भी इतना, मानो जिंदगी उनकी रेत ॥

(83)

तेरे होने से मेरा जीवन एक मंजर है।

बिन तेरे ये सफर में सब बंजर ही बंजर है ॥

(84)

माना की तेरे मेरे बीच में बहस खूब होनी चाहिये।

मगर तेरे मेरे पद की गरिमा बनी रहनी चाहिये ॥

(85)

जूठ मतलब विश्वास की नादारी....

तू एक और झूठ क्या बोली।

मैंने तो तेरे विश्वास की नादारी नोंध ली ॥

(86)

शराबीओं के लिये...

शराब थोड़ी ढंग से तो पिया करो।

अपने लिये नहीं,

अपनों के लिये भी तो थोड़ा जिया करो ॥

(87)

संग का असर.....

शाम को गोरस का थोड़ा सा संग, सुबह पय को पनीर बना दिया।

शाम को थोड़ा सा सत्संग, सुबह मानव को भगवन बना दिया ॥

(88)

स्वमान पर....

मान ले तेरे पास शीश झुकवाने का ज़ोर भी है।

फिर भी याद रहे,

इस धरा में रहने की जगा और भी है ॥

(89)

अब जान के अलावा कुछ देने का बाकी नहीं।

फिर भी तेरे हाथों की मेहँदी का रंग अभी तक निखरा नहीं ॥

(90)

जीवन के सफर में ईश्वर पर भरोसा....

इतने लंबे सफर में

थोड़ी देर तो चैन से सोया करो,

थोड़ा तो चालक पे भरोसा किया करो ॥

(91)

उनका घर हमारी गली के सिर्फ बाहर है।

पर अब वो हमारी पहुँच के पार है ॥

(92)

छोड़ना ही पड़े वो त्याग नहीं,
भूलना ही पड़े वो वैराग।
मधुप्रमेह में मिठाई की बाध ?
क्या मुर्ख न समझा है मोहन को...

(93)

बेटी के जन्म पर

लगता है तेरे घर में छोटी सी कली खिली है।

सब ने इसकी सोडम बहुत दूर तक झीली है ॥

(94)

"मेरी कसम" शब्द पर....

कसम भी थोड़ी ठीक से दिया करो।

जो अमर है इसे तो मत मारा करो॥

(95)

कर्म-फल पर...

करम की अदालत में वकालत की ज़रूरत नहीं।

शत प्रतिशत सही फैसला, जमानत की ज़रूरत नहीं ॥

(96)

अभागी के लिये....

सुनके सोया था कि एक लाख पद की भर्ती निकल गई।

सुबह उठा तो सरकार बदल गई ॥

(97)

माँ के प्यार पर...

मात-पिता के प्यार पर खुदा ने चुनाव करवा दिया।

पिता बड़ी मुश्किल से अपनी जमानत बचा पाया ॥

(98)

पहले हम इंसान हैं....

कल मैं इस धरती का मेहमान था।

थोड़ी सी नवाबी के लिये

मैं वहाँ हिन्दू था, मुसलमान था ॥

(99)

सिर्फ पद से वरिष्ठ हूँ।

काम तो कनिष्ठ का करता हूँ ॥

(100)

जो पोषेगा, वो ही मारेगा .....

जिसको मैंने आज तक रक्षक माना।

वो ही आज मेरे लिये तक्षक बना ॥

(101)

समय सब से बलवान....

थोड़ा सब्र रखो ओ हारनेवालों, काल ने सबको हराया है।

कई चमकते हुए तारे को जमीपर पटकाया है ॥

(102)

अब मेरी दुकान के वो किरायेदार हैं।

जो भी बेचे इसके लिये अब वो जिम्मेदार हैं ॥

(103)

उनको थोड़ी खुशामत की ज़रूरत थी।

मेरे को भी थोड़े दाल-चावल की ज़रूरत थी ॥

(104)

बसंत आते ही अपनी करवट बदली है।

लगता है प्रकृति भी उनकी सहेली है।

(105)

चेहरे में तो मासूमियत लगी।

पूछताछ पे असलियत पता चली ॥

(106)

प्राणियों पर हो रही क्रूरता पर ....

हमारे पास मताधिकार नहीं

इसका मतलब

तुमको हमें मारने का अधिकार भी सही ?

(107)

तेरा दिल जहाँ धड़का था, वहीं पर आज मैं रुका था।

आस-पास सब उजाड़ था और बहुत भारी तावड़ा था ॥

(108)

बसंत पंचमी पर....

माँ सरस्वती ने की हुई दस्तखत है।

बसंत पंचमी अपने आप में एक मुहूत है ॥

(109)

यहाँ पे धर्म पर धमासान है।

लगता है

यहाँ आग लगाना आसान है ॥

(110)

तेरे होने की खबर मिली है।

अनजान शहर से एक अंगूठी मिली है ॥

(111)

सब सही आदत से तू स्वर्ग थोड़ी जायेगा।

एक झूठी आदत से भी तू धर्मराज कहवायेगा ॥

(112)

लगता है तेरे बाप की कमाई अभी पटारे में सहेज है।

इसलिए तेरे पैरों की रफ़्तार औरों से तेज है ॥

(113)

पुरानी अलमारी में से एक तस्वीर मिली।

सब कुछ वही, बस तू ही नहीं ॥

(114)

झूठी आदत-रोग का कारण...

ना करम से है ना तो आभिशाप से है।

तुझे जो बीमारी है वो तेरी झूठी आदत से है ॥

(115)

बड़े लोगों के बीच छोटा आदमी...

यहाँ पर सब आसमान के सितारे हैं।

सिर्फ हम ही दिन के चाँद बिचारे हैं॥

(116)

पानखर के डर से पेड़ कटवाया।

फूल-छोड़ डालके तो ओर पछताया ॥

(117)

अपने चेहरे पर मैंने बुरखा कभी रखा नहीं।

फिर भी

आयने के अलावा मैंने कहीं अपना चेहरा देखा नहीं।

(118)

हीरा की परख एक जवेरी ही कर सकता है...

इन अनपढ़ो के सामने मेरी बोली लगाना नहीं।

कोहिनूर हूँ कल का, मंडी का मिर्च मसाला नहीं ॥

(119)

माना की दिल का ये घाव ताज़ा नहीं।

पर अब तक वो रुजा नहीं ॥

(120)

अदालतों में तारीख पे तारीख पर...

अदालत ने मुदत क्या लगाई।

तुमको तो गुनाओं की आदत सी लग गई ॥

(121)

तुम ही मेरे जीवन का सवेरा हो।

तुम ही मेरे दिल का रैन-बसेरा हो ॥

(122)

अब तेरी असलियत का पत्ता चला है।

पुरानी डायरी से एक पता मिला है॥

(123)

चल कहीं दूर जा के मिलते हैं।

यहाँ पर मेरे बहुत रिश्तेदार रहते हैं ॥

(124)

कई लोगों का राजनीति में आने का मकसद...

चल ने अपनी आय दुगनी करता हूँ।

चल ने राजनीति में अपना नसीब अजमाता हूँ ॥

(125)

तुझको कभी हमनें सियासती नज़रों से नहीं देखा है ।

परिणाम उसका तेरी ओर से मिला हुआ धोखा है ॥

(126)

मैं कोई मृगजल का पानी नहीं की सिर्फ सबको दौड़ाता हूँ।

मैं तो ध्रुव का तारा हूँ, सबको सही दिशाए दिखाता हूँ॥

(127)

ये रास्ता बंध करने की तेरी कोशिशें सब बेकार हैं।

यहाँ पहले से ही खुदी हुई सुरंगें हज़ार हैं ॥

(128)

लंबे चलते मुकदमे पर....

पूरी जिंदगी उन पर मुकदमा चला।

मौत के बाद वो बेगुनाह निकला ॥

33 | "कुछ बीच पंक्ति के सार "

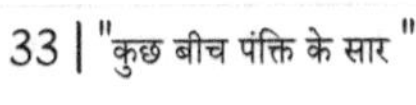

(129)

तेरी आँखों से ये सुराग मिला है।

तेरे दिल में प्रणय का फाग खिला है ॥

(130)

तेरा बाहुबली सा हाथ है।

क्योंकि

तेरे पास समय का साथ है ॥

(131)

नौकरशाहों का त्रास सरेआम है।

साहूकार तो बिचारा नाहक का बदनाम है ॥

(132)

जीव को शिव से मिलाने की ज़िम्मेदारी मेरी।

क्या मन के साथ दोस्ती तोड़ने की तैयारी है तेरी ?

(133)

उधारी से दोस्ती बहुत ही गहराई।

वापसी के वक्त थोड़ी सी लड़खड़ाई ॥

(134)

जैसा आहार तैसा विचार...

आज रात का जो तेरा आहार है।

वो ही कल सुबह का तेरा विचार है ॥

(135)

तेरी जो सहेली है।

वो मेरी जिंदगी की एक पहेली है ॥

(136)

बेरोजगारी पर....

पढ़ाई में तो मैं अनुस्नातक हूँ।

फिर भी काम ढूँढता आज-तक हूँ ॥

(137)

तुझे बचाने की कोशिश में अब मुझे भय है।

इसके आगे तो मेरा भी डुबना तय है ॥

(138)

चल आजा लड़ ले, कल की हार का हिसाब कर ले।

अधरूनी अदेखाई से क्या मिलेगा, तेरी जात से तू और गिरेगा ॥

(139)

ऐसी कोई याचिका नहीं।

जिसको उलझाने का कोई तरीका नहीं ॥

(140)

जिंदगी से रूठके तू क्या करेगा।

संसार है, तेरे बिन भी चलेगा ॥

(141)

इस गली में मुझे बहुत खतरा है।

वहाँ से मिला घाव अभी भी बहुत गहरा है ॥

(142)

तू लाख जाप कर ले, मेरी बंसी बजेगी नहीं।

कोई भूखा पेट भर दे, बिना बजे रहेगी नहीं ॥

(143)

ये जो मेरे जीवन में तबाही है।

वो तेरे होने की गवाही है ॥

(144)

नियुक्ति तो मेरी नर्क में है।

स्वर्ग में तो मैं प्रतिनियुक्ति पर हूँ ॥

(145)

हम राज दरबार के चहिते कविराज नहीं।

इसीलिए

हमारी जेब में अभी तक कोई खिताब नहीं ॥

(146)

शिक्षक समाज की अवदशा पर...

तुम्हारे पास गाड़ी बंगला है

क्योंकि तुम इस सभ्य समाज के छोटे सेवक हो।

हमारे पास किराये का मकान है

क्योंकि हम इस समाज के सन्मानीय शिक्षक है ॥

(147)

अलग मत होना ही सही लोकशाही है।

वो समझे हम देशद्रोही हैं ॥

(148)

बाप-बेटी के प्यार पर...

थोड़ा सा संविधान में सुधार की ज़रूरत है।

बाप-बेटी के प्यार को संसार में पहला स्थान देने की ज़रूरत है ॥

(149)

ख्वाब भी तेरा होगा, मंज़िलें भी तेरी होगी।

सिर्फ वहाँ पहुचाने का तरीका मेरा होगा ॥

(150)

आज प्रकृति पंचरंग है।

बसंत का जो संग है ॥

(151)

पैसे बचाना - एक अच्छी आदत....

उड़ाया तो दो दिन लोगों ने राजा कहा ।

बचाया तो ज़िंदगीभर का बादशाह रहा ॥

(152)

उनके कान थोड़े से कच्चे हैं।

पर दिल के वो सच्चे हैं॥

(153)

बाहरी शुशोभन पर...

ये तो बाहर का रास्ता है जो इतना बड़ा शुशोभित है।

अंदर की गलियाँ देखकर तो हम भी बहुत विक्षोभित हैं ॥

(154)

माना की दिन को उजालने की ज़िम्मेदारी प्रभाकर की है।

रात को चमकाने की थोड़ी ज़िम्मेदारी सुधाकर की भी तो है॥

(155)

राजनैतिक गठबंधन पर...

चाँद तक चलने वाला सफर सिर्फ शाम तक चला ॥

अगले चुनाव तक चलने वाला गठबंधन सिर्फ रुझान तक चला ॥

(156)

एक बार कोई काम ठान लिया तो बीच में फरियाँद मत करो ......

मंजिल मुश्किल दिखती थी तो चला क्यूँ ?

बीच रास्ते में पानी नहीं था, फिर तरसा क्यूँ ?

(157)

तेरा मेरा मिलना एक संजोग था।

समझ लेना की हरबार वो जोगनुजोग था॥

(158)

घर की छत पर आज कौवा बोला है ॥

तेरे आने का इशारा मिला है।

(159)

जो प्रारब्ध में नहीं है, वो नहीं ही मिलेगा...

ज़िंदगी गुजर गयी फिर भी कुछ बातें मैं सीखा ही नहीं।

वो कोशिशें करना ही नहीं,

जो लेख विधाता ने हम में लिखा ही नहीं ॥

(160)

हे ब्रह्मास्त्र तो उठा ले, बाद में कोई रंज ना रह जाए।

अर्जुन के आने से पहले ही कहीं हमारा अंत ना हो जाए ॥

(161)

मुझे सही पहचानने वाले लोग सिर्फ पाँच प्रतिशत हैं ।

इसमें तेरा नाम होना मुझसे अपेक्षित है ॥

(162)

ऐसे तो वो बड़ा होशियार है।

पर

मन उनका थोड़ा सरमुखतयार है ॥

(163)

हर मौसम में अलग मेरे रंग है।

इसीलिए

मेरी असलियत पहचानने में अभी भी लोग तंग है ॥

(164)

दुनियाँ पर...

ये दुनियाँ है, तेरे कहने पर चलेगी नहीं।

थोड़ी तेज है, हर गाँव पर ये रुकेगी नहीं ॥

(165)

माना की जल्दबाज़ी तेरी मजबूरी थी।

फिर भी

दो-चार और मुलाकातें जरूरी थी ॥

(166)

मेरे जीवन में सूरज की ज़रूरत थी।

इसबात समझने में ही मेरे को शाम हो गयी ॥

(167)

साशक पक्ष के कार्यकर्ता पर...

हम इस जनपद के समाहर्ता नहीं, जो सब आदेश लेखित में देंगे।

हम साशक पक्ष के कार्यकर्ता हैं, हमारे सब आदेश मौखिक में होंगे ॥

(168)

इन सब के लिए मेरी ये बंदगी थी ही नहीं।

मैंने जो मांगी थी वो ये जिंदगी थी ही नहीं ॥

(169)

रे पंखी तू इतना आज़ाद क्यूँ है,

पेट होने के बावजूद भी क्यूँ है।

शायद वजह इसकी

कल की तुझे फिक्र नहीं

और 'शंचय' शब्द का तेरे जीवन में जिक्र नहीं ॥

(170)

शाम तक जितना दौड़ु, जमी इतनी मेरी थी।

दो हाथ फैलाया जितना, जगह इतनी जरूरी थी ॥

(171)

तेरी मेरी सोच में बस फर्क थोड़ा आम है।

तेरे लिए जो दिन है मेरे लिए वो सुबह शाम है ॥

(172)

घर बारी में एक परछाई पड़ी है।

लगता है बाहर मेरी महबूबा खड़ी है ॥

(173)

अच्छा हुआ तेरे बाप ने तुझे पढ़ाया नहीं।

आज तूने जितना उड़ाया, इतना मैं साल भर कमाया नहीं ॥

(174)

इतनी अच्छी बातें तो तेरे मुँह से शोभती नहीं।

कितना झूठ बोलते हो मगर तेरी ये जीभ हकलाती नहीं ॥

(175)

पूरा दिन गरजा फिर भी शाम तक ये बादल बरसा नहीं।

पूरी जिंदगी दर्द सहा फिर भी तेरी आँखों से पानी टपका नहीं ॥

(176)

लाख मनाया फिर भी तुम्हारा चेहरा दिल पे छा गया।

लाख छुपाया फिर भी तुम्हारा नाम होंठों पे आ गया ॥

(177)

मुँह से मिला उपदेश सिर्फ शाम तक चला।

आचरण से मिला उपदेश पुरी रात तक चला ॥

(178)

खिली उठी फ़िज़ाओं की बहार है।

ये जो बसंत का त्योहार है ॥

(179)

वो हमारे राजनैतिक दुश्मन हैं ।

इसमे "समय" शब्द शर्ते लागू में है ॥

(180)

इनकी झूठी बातें हमनें कभी मानी नहीं।
इसीलिए
हमारी हकूमत से कभी बनी नहीं ॥

(181)

चल करते हैं देश-दुनिया की चर्चा ।
इसमें कहा है अपनी जेब से कोई खर्चा ॥

(182)

मैं महाराज के सबसे करीब था।
वो ही मेरा एकलोता नसीब था ॥

(183)

यहाँ पर स्थिर मेरा आसन है।
क्योंकि
यहाँ पर मिलता मुझे सरकारी राशन है ॥

(184)

यहाँ पर समाजवाद से जातिवाद थोड़ा भारी है।

यहाँ पर होशियारी बिचारी अनामत से हारी है॥

(185)

इस गाँव के लोग कल से क्रांति पर हैं।

क्योंकि

दस साल से यहाँ रास्ते का काम प्रगति पर है॥

(186)

पता है कि तेरी ये प्रकृति प्राण से पहले जाएगी नहीं

पर क्या करूँ

मेरे में विकृति भी मौत से पहले आएगी नहीं॥

(187)

तेरे लिए ये सवाल प्यार का है।

मेरे लिए तो ये सवाल व्यापार का है॥

(188)

आज तन की मन से सुलह है।

लगता है ये बसंत की सुबह है॥

(189)

सच समझने में मुझे बड़ी देर लग गयी।

मेरा सही स्वरूप समझते समझते शाम ढल गयी ॥

(190)

तुम वो बर्फ हो जो कभी पहाड़ी से पिघलती नहीं।

तुम वो नदी हो जो कभी सागर को मिलती नहीं ॥

(191)

चल ना यादों की कलम से कल को कहीं लिखते हैं ।

अतीत के अनुभव से दो शब्द सही सीखते हैं ॥

(192)

चलने में सुख इधर है।

हवा का रुख जिधर है ॥

(193)

सियासत में हर जबान का एक अर्थ है।

जो फिसल गयी तो मानों बड़ा अनर्थ है ॥

(194)

तेरा मेरा मिलना एक अजूबा था।

क्योंकि

तेरा मुझे कोई तजुर्बा ही नहीं था ॥

(195)

यहाँ पर सबका मिलता एक विचार है।

"बस इस काम में भ्रष्टाचार है "

(196)

धंधे/व्यापार की मंदी पर....

तेरी तनखा के सामने अब मेरा इतना कारोबार नहीं।

तेरा साल का इजाफा जितना अब मेरा मुनाफा भी नहीं ॥

(197)

फूलों की घाटी, उत्तराखंड के लिये

यहाँ पर लगा हुआ प्रकृति का बाज़ार है।

यहाँ पर फ़िज़ाओं के रंग हज़ार है ॥

(198)

मेरी ज़िंदगी में ये सबसे सुहाना सवंत है।

इसमें भी ये मास बसंत है ॥

(199)

मधुमखी ने हज़ार फूल चांटा

पर इसके मुँह से शहद बना नहीं।

मैंने चार धाम का चक्कर चार बार काटा,

फिर भी शिवजी ने मुझे सुना नहीं ॥

(200)

चंद्रताल/ढंकर तालाब, लाहोल-स्पीति हिमाचल प्रदेश के लिए

इस तालाब के पानी में इतनी पारदर्शिता है

की

चाँद भी रात को यहाँ अपना चहेरा सजाता है ॥

(201)

प्यार तो सिर्फ एक बहाना है।

तेरा असली काम तो मुझे इस संसार में फसाना है ॥

(202)

मिलते दोस्त सारे हैं।

बस सिर्फ हम ही काम के मारे हैं ॥

(203)

ताश खेलना- बरबादी की वजह...

जो ताश की तेरी पहली पारी थी ।

वो ही तेरी तबाही की तैयारी थी ॥

(204)

चलो शाम तक अपने मौत की तारीख अपने आप तय कर लो ।

ना कर सको तो अपना जीवन कल से केशवमय कर लो ॥

(205)

चुनाव तो कल खत्म हो जाएंगे।

पर ये नफरत के घाव हम जल्द नहीं रुजा पाएंगे ॥

(206)

सगा-सबंधी का साथ तब था।

समय का साथ मेरे पास जब था ॥

(207)

हमारी चोरी के लिए हम ही जिम्मेदार हैं ।

अब से हमारे दिल के हम ही चौकीदार हैं ॥

(208)

खूब पढ़ाया था, अपना नाम बोलना ।

तोते की जात थी, फिर राम ही बोला॥

(209)

यहाँ पे पानी है, चलना पड़ेगा मगर फिसलने का नहीं।

यहाँ पे ज़िंदगी है जीनी पड़ेगी मगर मोहने का नहीं ॥

(210)

मंडी खुलते ही हमारा तो सौदा हो गया।

खरीददार को तो पहली बोली का बहुत बड़ा फायदा मिल गया ॥

(211)

मैंने तो पकवान पिरसा पर उसे तो जाम की आदत थी।

मैंने तो साल भर दवा पिलायी पर उसे तो बस अब दुआ की ज़रूरत थी ॥

(212)

राजनीति ही देशसेवा का एकलोता जरियाँ नहीं।

इसमें भी तेरा तो ये नजरियाँ भी नहीं ॥

(213)

हर खिलाड़ी से दुनिया का कोई ना कोई कीर्तिमान टूटने से बचा नहीं।

पर सब ने मिलके कोई कीर्तिमान रचा नहीं ॥

(214)

बाहर कोई बड़ा तूफान नहीं।

पर पिंजरे की आदत से मेरी पंख से कोई उड़ान नहीं ॥

(215)

ये सौदा आखिरी तब था।

जब तेरे मेरे बीच में रब था ॥

(216)

माना कि तुझे किसी का साथ नहीं, फिर भी तू यहाँ अनाथ नहीं।

किसी ने कहा कि तेरे साथ जग का तात जगन्नाथ नहीं ?

(217)

जंग के लिये तो हम भी तैयार हैं।

पर समझ लेना, तबाही दोनों पार है ॥

(218)

यहाँ पर सभी दल संविधान से मुक्त हैं ।
क्योंकि
यहाँ पर खामोश चुनाव आयुक्त है ॥

(219)

दूर से आग की ज्वाला समझना हमारी भूल थी।
ये तो फाग में खिला केसु का फूल था ॥

(220)

तुझे लगता बहुत तावड़ा है।
लगता है, तू माँ का सबसे लाडला है ॥

(221)

होम-लोन पर....

बीस साल तक सिर्फ व्याज चुकाया।
गृह-ऋण में मुदल तो अभी भी बकाया ॥

(222)

इस शहर में ही सबके प्यारे हैं।

बस हम ही किस्मत से हारे हैं ॥

(223)

नींद भी नसीब का खेल...

पूरी रात तेरा खर्राटा बोला।

जैसी नींद लगी, आँगन का कुकड़ा बोला॥

(224)

बालक - ईश्वर स्वरूप....

परम पिता हमारे पालक हैं।

क्योंकि

हम तो बालक हैं ॥

(225)

सरकारी कामों पर....

रास्ता बनाया बिलकुल नया।

पर गटर डालना भूल गया ॥

(226)

तुम्हे नहीं मिलने का मुझे कोई गीला नहीं।

ऐसे भी आसमाँ इस जमीं को वाकई में कहीं मिला नहीं ॥

(227)

अच्छा हुआ चुनाव आया।

किसी ने तो मेरा मज़हब मुझे याद दिलाया ॥

(228)

पसीने से पाई-पाई कमाई।

बची मुड़ी शेर बाजार में लगाई ॥

(229)

आज सुबह अचानक तुझे मेरा क्या काम था।

कल तक तो तेरी नजरों से मूर्खों में मेरा नाम था ॥

(230)

अब तक मुझे पता नहीं चला कि आज मुझमें क्या खामी है।

कल तक के सब यज्ञों में तूने मेरी ही आहुती होमी है ॥

(231)

भले ही तुझसे मेरी कम पढ़ाई है।

पर हिसाब में तुझसे ज्यादा मेरी चोक्साई है ॥

(232)

ऐसे तो दुश्मन उनके जमाने में सारे हैं।

सिर्फ हम ही सवालों के घेरे में है ॥

(233)

सांगला/कल्पा वेल्ली, हिमाचल प्रदेश

ये इस सुंदर उपवन का आखिरी पेड़ है।

इसके आगे सब उजाड़ ही उजाड़ है ॥

(234)

तेरे जीवन में अमावस्या ही अमावस्या।

पर अभी भी तू मानता नहीं उनको समस्या ॥

(235)

लाठी से पढ़ाई का नतीजा ....

ग्यारवी तक पढ़ाई में मैंने सबका दंड स्वीकारा।

बारवीं आते ही मेरे मन ने पढ़ाई से बंड पुकारा ॥

(236)

A tribute to real Hero

शाम तक जैसलमेर पहुँचना जरूरी था।

पर क्या करें लोंगेवाला में कुलदीपसिंह चांदपुरी था ॥

(237)

देना है तो बसंत का सुख दे दे।

लेना ही है तो बिन बसंत की उम्र ले ले ॥

(238)

भारत में संशोधन(Research) में मूल समस्या....

यहाँ पर बिन पानी तुझे तैरना है।

यहाँ पर बिन संसाधन तुझे संशोधन करना है ॥

(239)

जो था वो सब कुछ बाँट दिया।

बस इस दुनिया में से

हमने फकीरी का आनंद लूट लिया ॥

(240)

दिन की थकान के बाद गहरी नींद जरूरी।

तो

जिंदगी की इतनी उड़ान बाद मौत क्यूँ तेरी मजबूरी ?

(241)

प्रकृति में भी प्रणय राग खिला है।

इस धरती पर जब फाग खिला है ॥

(242)

बाहर ठंड बहुत भारी है।

इसीलिए

कुछ दिन लंबाई मैंने रज़ाई से यारी है ॥

(243)

अपने आँगन को फूलों से सजा लीजिये।

अभी तो बस बसंत का मजा लीजिये ॥

(244)

चोपता, उत्तराखंड के रास्ते के लिए

चलना पड़ता है बड़ी जाँच-पड़ताल से

क्योंकि

इस रास्ते का नाम ही भूख हड़ताल है ॥

(245)

ज्यादा सोचने से क्या मिलेगा।

जो होना है वो होकर ही रहेगा ॥

(246)

किसान की अवदशा पर....

माना की तू जगत का तात।

पर अब नहीं तेरी इतनी ज़रूरियाँत ॥

(247)

खुशामती पर...

तेरी जो कि गयी खुशामत थी।

वो

मेरी ओर से दी गयी रिश्वत थी ॥

(248)

सजी थी सिर्फ तेरी मुलाक़ात के लिये।

पूछताछ आ गयी बहुत मेरी शादी के लिये ॥

(249)

कल तक शांति सबको मान्य थी,

स्थिति सब सामान्य थी।

आज अचानक अमन क्यों खो गया,

दोस्त हमारा दुश्मन क्यों हो गया ॥

(250)

ऐसी कोई नदी नहीं जो बिना मोड़े समंदर को मिली हो।

ऐसी कोई जिंदगी नहीं जो बिना मोड़े मौत से मिली हो ॥

(251)

तुम्हारी जितनी उम्र में हमारी सोच इतनी नहीं गयी गुजरी थी।

तुमने जो उम्र गुजारी है वो हमनें भी तो गुजारी थी ॥

(252)

बच्चो की माँ-बाप तरफ की फर्ज पर...

रात भर चमकाया वो सूरज का फर्ज़ था।

दिन में जितना दिखवाया इतना चाँद पर कर्ज़ था ॥

(253)

तेरा भेजा हुआ ज़हर अमृत मानकर मैं पी गया।

तेरी बार बार मारने की कोशिश के बावजूद भी मैं जी गया ॥

(254)

करीबियों को काटने की गलत ये तेरी नीति है ।

वो बोले यही तो असली राजनीति है ॥

(255)

अब किसी की आवन-जावन से मुझमे नहीं कोई फर्क रह गया।

अब तो मेरा दिल नहीं पिगलने वाला वो बर्फ बन गया ॥

(256)

कमल के पत्तों से हमें बहुत कुछ सीखना है।

पानी उपर रहना है पर पानी को हम पर नहीं रखना है ॥

(257)

मेहनत वाले काम से हमें कोई अभाव नहीं।

पर हाथ की लकीरों में जो जरूरी वो घूमाव नहीं ॥

(258)

आज मेरा मन थोड़ा सा भारी है।

पुरानी यादों का कहर अभी भी जारी है ॥

(259)

आज सब उड़ालों कल किसने देखा है।

इसी सोच में

जिंदगी तो बच गयी और दौलत सब चली गयी ॥

(260)

तेरी यादों की बारिश अभी तक रुकी नहीं।

मेरे नैनो की झील अभी तक सूखी नहीं ॥

(261)

मेरी मौत को रोकने की तूने क्यों इज़ाज़त दी।

मुझे तो बार बार शहादत की आदत सी थी ॥

(262)

ये नदी का बाढ़ तो कल उतर जाएगा।

पर ये खौफ का मंजर सालों साल हमारी आँखों पे आता रहेगा ॥

(263)

जहाँ नहीं सोचना था वहाँ सोचा।

अपने ही हाथों से मैंने अपना गला दबोचा ॥

(264)

ऐसे तो मेरी जिंदगी में दुख दो-चार हैं ।

पर दुनिया के दुखियारों में मेरा नाम पाँच खर्व के पार है ॥

(265)

यहाँ पर कड़ी धूप है, आसमाँ में कोई बादल नहीं।

दोस्त ये दुनियाँ है, माँ का आँचल नहीं ॥

(266)

कई भूखी रातें तूने रास्ते पर गुजारी है।

पर ये बात कभी तेरे होंठों पे आयी नहीं,

वो ही तो तेरी खुमारी है ॥

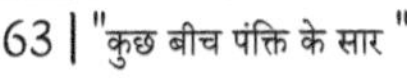

(267)

तुम मुझे मिल जाओ,

ये बात जरूरी नहीं थी।

हमारे बिना संसार रुक जाये,

ऐसी तो खुदा की कोई मजबूरी नहीं थी ॥

(268)

ज़िंदगी जीने की अब मेरी कोई ख़्वाहिश नहीं है।

शतायु होने की मेरी कोई सिफ़ारिश नहीं है ॥

(269)

नज़रों में तो कब से हो, अब निशाने पे भी आ जाओगे।

उम्मीद नहीं कि तुम अपनीशान जल्द ठिकाने पे लाओगे ॥

(270)

देखने-देखने में फर्क होता है....

ऊपर देखोगे तो बहुत दूर पर्वत की चोटी नजर आएगी।

पर

नीचे देखोगेतो बस्तियाँ बहुत छोटी नजर आएगी ॥

(271)

मेरी नाकामी का इतना जल्द अंदाज मत लगा लेना।

थूक कर चाटना पड़े ऐसा कोई जल्दबाज़ भी मत बन जाना ॥

(272)

फकीर बनके जो निजानन्द लुटाया।

गादिपति बनके ये सब गवाया ॥

(273)

तेरे नाम से इतना डर गया।

तेरे आने की खबर से ही मैं मर गया ॥

(274)

बिन तेरे याद की मेरी कोई सांस हालांकि नहीं।

फिर भी तेरे गले में मेरे नाम की कोई हिचकी नहीं ॥

(275)

कल तक मिलते हम सरेआम थे।

बस आज से मिले तो बदनाम थे ॥

(276)

इस बात का तो नतीजा यही था।

इतना जल्दी होगा, बस वो अंदाजा नहीं था ॥

(277)

मेरे बिन तेरा आज का ये शिलालेख नहीं।

फिर भी

तेरे अतीत में मेरा जरा सा भी उल्लेख नहीं ॥

(278)

चलते धंधे लारी-गल्ले के दो-चार हैं।

दुकानवाले तो बिचारे कब से बेकार हैं ॥

(279)

कागज़ लिखा और ज़िम्मेदारी पूरी।

लगता है सरकारी बाबूओं की काम करने की मंशा है थोड़ी अधूरी ॥

(280)

पतला होने की अभी तो ठानी थी।

बीच रास्ते में ही जीभ ने बेईमानी की ॥

(281)

इतना विभु का आभार है।

हाथ-पैर मिलाके पूरे चार हैं ॥

(282)

तेरे हाथ में वक्त है।

इसीलिए

तेरे साथ में तेरे सब भक्त हैं ॥

(283)

"बुखार" सबसे अच्छा बहाना ...

वहाँ जाने में मेरी दिल से नकार है।

इसीलिए

आज शाम को मुझे थोड़ा सा बुखार है ॥

(284)

मेरी विरासत की यादी बड़ी जंगी रही।

इसीलिए

मेरे जीवन में पैसे की हमेशा तंगी रही ॥

(285)

मैं ही मालिक मैं ही चलाऊँ,

जिद छोड़ो ओ राजन।

काम हमारा सालों का करने दो मोरे राजन,

कुचल गये हम दोनों जो,

मैं ना नौकर रहूँगा ना तुम मालिक ॥

(286)

छल-कपट से तो तुम ये जंग आसानी से जीत जाओगे।

पर

हमारीनजरों से तुम बहुत नीचे उतर जाओगे ॥

(287)

आज कल हम तो ऐसी कशमकश में जी रहे हैं।

जीने से ज्यादा तो हम हर रोज मर रहे हैं ॥

(288)

जिंदगी ने भी मेरी कैसी मुश्किले हालात मेरे हुज़ूर कर दी।

कारावास में भी सब से दोस्ती अभी तो हुई थी,

साहब ने जमानत मंजूर कर दी ॥

(289)

तूने दुश्मन को कम आँका है।

समझ लेना

तूने अपने आप को मौत के कुए में झाँका है ॥

(290)

सत्य की शोध में मंदिर-मस्जिद भटका।

आखिर में तो मैं स्वयं पर आकर ही अटका ॥

(291)

पकवान तो थे पूरे पंद्रह पर मुखवास ने तिल नहीं था ॥

अंग तो थे पूरे अठारह पर सिने में दिल नहीं था ।

(292)

वो थोड़ा नमा क्या, हमनें तो उनकी पीठ थाप दी।

इसने तो हमारे शिर से पाँव तक की ऊंचाई नाप ली ॥

(293)

आँखों के इशारो में ही सब कुछ समझा करो।

होंठों पे आ गया तो जबान बन जायेगा ॥

(294)

दो कदम की दूरी का फांसला।

चलते चलते चाँद तक चला॥

(295)

पूरा कट्टा प्याज छिला फिर भी

एक भी आँसू तेरी आँखों से टपका नहीं।

जिंदगी ने सबकुछ छीना फिर भी

तेरे दिल का ये दर्द होंठों पे छलका नहीं ॥

(296)

पृथ्वी पर मानव-जीवन की हालत...

यहाँ पर सही जिंदगी जीने में तू नाकाम है।

इसीलिए

तेरा अगला मक़सद चाँद पर मुकाम है ॥

(297)

तेरे पास के मंदिर की अखंड ज्योत से बहुत से दीप जले हैं।

और एक तू है जो अभी भी दिन के उजाले के इंतज़ार में है ॥

(298)

अभी तो कारावास काटा था।

दिल दूसरा गुनाह कर बैठा ॥

(299)

गाय की हालत पर....

गाय बोली प्रभु से

"गली गली भटकती हूँ मेरा जीवन इतना दयनीय क्यूँ "

प्रभु बोले

"वजह इसकी सभ्य समाज की पूजनीय तूँ" ॥

(300)

मिलते मिलते उन्नीस बीस का फ़ासला रह गया।

पर चलो अब तो ये बहुत पुराना मामला हो गया ॥

(301)

भारतवर्ष की पहेचान......

यहाँ पर मेरी चाहत तेरी नफरत से कहीं दफा भारी है।

इसीलिए

यहाँ पर सिकंदर की सारी सेना एक साधू के सामने हारी है ॥

(302)

मेरी जिंदगी भर की पढ़ाई, अखबार में कहीं नाम न लाई।

मेरी जिंदगी भर की कमाई, जीने में कहीं काम न आई ॥

(303)

तू सोया था तब दुनियाँ थमी नहीं थी।

तू जागा छठ को, पंचांग से पांचम की कमी नहीं थी ॥

(304)

आज भी मेरे घर में कोई शीशा टूटा नहीं।

आज भी मालिक के हाथों से मेरे वेतन में कोई इजाफा छूटा नहीं ॥

(305)

मुझे रुलाने वाला नहीं कोई बेवफा था।

वो तो एक छोटा सा प्याज का छिलका था ॥

(306)

यंत्र जैसी बन गयी हुई मानव जिंदगी पर....

अश्वत्थामा जैसी हालत हो गयी है हमारी।

द्वारिका तो रोज जाना पर द्वारिकाधीश को कभी मिलना नहीं ॥

(307)

मेहनत करो तो 100% करो वरना मत करो...

मेहनत हमारी मध्यम थी।

शत प्रतिशत से थोड़ी कम थी ॥

(308)

कल तक जो मंज़िलें थी आजवो हमारी मजबूरी बन पड़ी ।

इस रास्ते से निकलते ही हमको हमारी पहचान छुपानी पड़ी ॥

(309)

इस पद के लिये हमारी योग्यता किसी से कम नहीं।

पर क्या करें, यहाँ पर किसी खेमे से हम नहीं ॥

(310)

लोक-डाउन पर...

वक्त भी कितना बदमाश है।

कभी नहीं थमने वाला शहर आज खामोश है ॥

(311)

तुने जी हजूरी को नकारा है।

इसका मतलब तुझे पता है ना, तुने हकूमत को ललकारा है ॥

(312)

दुनियाँ में जो दिखता है वो कुछ भी सच नहीं।

इतना सच समझने में ही हमको शाम हो गयी ॥

(313)

मोबाइल की आदत पर....

कुछ दिन से नीला ये अंबर नहीं।

पर अखबार की हड़ताल से तुमको इसकी खबर नहीं ॥

(314)

इन्सानों के बीच बोली की शर्तें बराबर नहीं थी ।

खुदा का सौदा किया और इसकी खुदा को खबर नहीं थी ॥

(315)

तेरे घर के अखबार में जो है, वो ही मेरे घर के अखबार में है।

पर सूत्रों के हवाले से खबर है कि ये खबर सही नहीं है ॥

(316)

अभी तो मेरा पूरे इलाके पर प्रभाव है।

लगता है सही वक्त पर चुनाव है ॥

(317)

माना की तेरा कोई नाम नहीं,

इसका मतलब तू आसमान का सितारा नहीं ?

माना की किसी ने तुझे पुकारा नहीं,

पर तेरी हयाती को किसी ने नकारा नहीं ॥

(318)

इस जनम के लिये मेरी नहीं थी कोई अर्जी।

फिर मौत के मामले में क्यों चले मेरी मर्जी ॥

(319)

तुमने सोची भी नहीं होगी ऐसी हमनें तो गुजारी है।

लाखो में एक जिंदगी ये हमारी है ॥

(320)

गरीबी रेखा से बहुत करीब था।

पर सरकारी आँकड़ों के मुताबिक वो नहीं गरीब था ॥

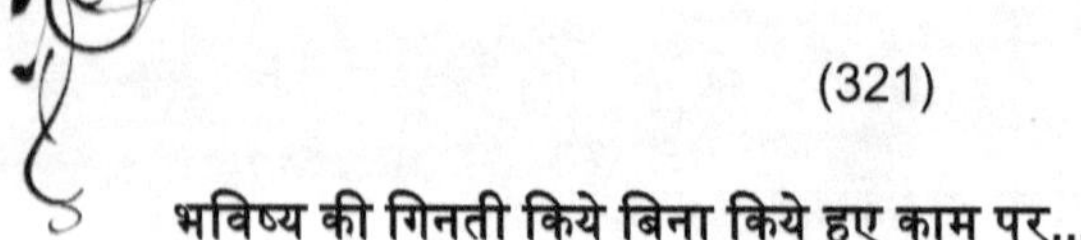

(321)

भविष्य की गिनती किये बिना किये हुए काम पर....

थोक में फौज की भरती करना,

हमारी बरबादी की वजह बन गयी।

अभी तो सरहद पर सुरंगें बिछाई थी,

दोनों देशो में सुलह हो गयी ॥

(322)

खिला हुआ व्याज का धंधा पुर-बहार है।

बाकी सब धंधे में तो मंदी का मार है ॥

(323)

तुमको मिठाई भायी,

मतलब तुमने कभी तो चीनी तो खायी।

तुमको आनंद में रहना मजा आया,

मतलब तुमने कभी तो ये परमानंद पाया ॥

(324)

हमारे साथ तो बड़ी साजिश हो गयी।

शाम को बड़ी मुश्किल से खेत में पानी दिया,

रात को जमकर बारिश हो गयी ॥

(325)

मन से मन को काबू करने की नादानी की।

मैं भी,

चोर को ही चोरी पकड़ने की ज़िम्मेदारी दी ॥

(326)

कुछ शब्द पत्नी के लिये....

बाकी सब के ऋण चुकाने के लिये,

मेरा ये जनम काफी है।

अर्धांगिनी का ऋण चुकाने के लिये,

मेरा आखिरी जनम अभी बाकी है॥

(327)

हमारी लकीरों में ही शायद लिखी है आपदा।
बाघ से बचने के लिए सिंह के पिंजरे में कूदा ॥

(328)

लेने को साँस, पीने को पानी और खाने को दो रोटी-बस इतना है जरूरी।

बाकी तो नवाबी में रहने के लिये है ये सब मगज़मारी ॥

(329)

एक बार चेहरा सजाया था, वो मेरी पहचान बन गयी।

बार बार मुँह धोया फिर भी चेहरे पे थोड़ी सी मुस्कान रह गयी ॥

(330)

जब तरसा था तब ये बादल बरसा नहीं।

जब ये बरसा तो तरसने के लिये मैं बचा नहीं ॥

(331)

किये हुए कर्म भुगतने ही पड़ते हैं.....

बार बार देश बदला फिर भी

ऊपर का ये आसमा गया नहीं।

हजार बार देह का वेश बदला फिर भी

ये करम बिना भुगते गया नहीं ॥

(332)

मुंबई नगरी पर....

ये शहर बहुत ही घना है ॥

यहाँ पर थम जाना मना है।

(333)

हमको पसंद तुम्हारा सुकान नहीं।

पर क्या करें

हमारे पास चाँद पर कोई दूसरा मकान नहीं ॥

(334)

जब मानव ने अपने को ही कई रिश्तों में बाँटा।

तब कुदरत ने भी अपने कहर को कई किश्तों में काँटा ॥

(335)

शहरो के प्रदूषण पर

कमाई के खातिर हजरत निजामुदिन तरफ हिजरत की।

सालों बाद पता चला कि,

अपनी काया के साथ हमनें बहुत नफरत की ॥

(336)

मन की असलियत....

ये मन तेरी परछाई है,

इसीको पकड़ने में तुझे नाकामी ही मिलेगी।

तू स्वयं प्रकाश की ओर देख,

इसकी असलियत समझने में जरूर कामयाबी मिलेगी ॥

(337)

ज्यादा सोचना मतलब बर्बादी...

ये खयाल दिमाग से जाता नहीं।

और

ज्यादा सोचना मुझे आता नहीं ॥

(338)

बदलती सोच मेरी बारी बारी है।

दिल और दिमाग के बीच का संघर्ष अभी भी जारी है ॥

(339)

बुढ़ापे में ही सही, पर कुछ अच्छे कर्म/विचार करते हुए इंसान के लिये....

यहाँ पर आते आते तेरी उम्र गुजर गयी।

चलो आखिर में तेरी जिंदगी तो सुधर गयी ॥

(340)

अशांति का मूल कारण - मन

शांति की शोध में शिवालिक के शिखरों पर गया।

पर अपने मन को घर पर छोड़ना भूल गया ॥

(341)

औकात से ज्यादा मैंने कोई भी ख़्वाहिश चुनी नहीं।

फिर भी

आज तक जिंदगी ने मेरी कोई भी फरमाइश सुनी नहीं ॥

(342)

मच्छरों के लिये.....

तुझे मारने में मुझे बहुत मेहनत की ज़रूरत नहीं।

पर

तुझे मारके में जी लू ऐसी मेरे ज़मीर से मुझे इज़ाज़त नहीं ॥

(343)

मुझे ये अफसोस नहीं की तूने मुझे सब के सामने शातिर कहा।

पर अफसोस ये कि तूने ये सब चंद पैसों की खातिर कहा ॥

(344)

तूने मुझको ऐसी हालात में छोड़ा।

जमीं आसमाँ मिले जहाँ, वहाँ तक मैं दौड़ा ॥

(345)

सेना के लिये सख्त शरीर की जरूरत....

सेना की भर्ती के लिए तो हमारा शरीर बहुत नर्म पड़ा।

कुछ नहीं खाया तो ये पानी में डाला हुआ बर्फ हमको गर्म पड़ा ॥

(346)

जो पसीने से कमाता मनुष्य है।

समझ लेना वो ही देश का भविष्य है ॥

(347)

घर बैठके तुमको जो भी इस दुनिया को इतनी हंसीन बता रहा है।

समझ लेना वो तुमसे कुछ तो हकीकत छुपा रहा है ॥

(348)

लगता है कुंभकर्ण आज-कल हमारे पर सवार हो गया।

सोया था शुक्रवार को उठा तो इतवार हो गया ॥

(349)

पढ़ने से क्या फायदा ऋग्वेद।

जब मन से नहीं गया उद्वेग ॥

(350)

किसी को ठुकराने का मेरा इरादा बिलकुल भी नहीं है।

पर सब को दिल में बसाने के लिये,

मेरे पास पूरा इंतजाम ही नहीं है ॥

(351)

मधुप्रमेह से हम परे नहीं।

फिर भी

मिठाई से हम डरे नहीं ॥

(352)

जो भी तेरी जी हजूरी करके अपनी ज़मीर की नीलामी कर रहे हैं।

समझ लेना वो तुझे नहीं तेरे वक्त को सलामी दे रहे हैं ॥

(353)

जब शस्त्रहिन थे तब हम पर वार नहीं हुआ,

इतने तो हम भाग्यवान निकले।

शुक्रिया इतना रब का,

दुश्मन भी हमको खानदान मिले ॥

(354)

सभी फरमाइशे हमारी थोड़ी पूरी होगी।

कुछ ख़्वाहिशें तो खुदा की भी तो होगी ॥

(355)

सत्य की शोध पर चलना अगर नक्की है।

तो

मन के साथ लड़ाई तेरी पक्की है ॥

(356)

बहुत रोया हूँ अब मुझे नहीं रोना है।

दर्द भरी बातों का तो भरा हुआ घर का कोना है ॥

(357)

बहुत समझाया था, किसी पर आना नहीं।

पर ये दिल भी,

ठोकर खाये बिना माना नहीं ॥

(358)

सपनें तो सपनें होते हैं

कल रात मुझे एक ख्वाब आया।

मिलने मुझे हजरत निजामुदिन का नवाब आया ॥

(359)

एक पैर उठा है तो दूसरा उठेगा ही,

श्वास लिया है तो उश्वास निकलेगा ही,

क्यों फिक्र करता है जिंदगी की,

आज गुजरी है, कल भी गुजर जायेगी।

(360)

पश्चिमी संस्कृति पर.....

पिछले कुछ सालों से पछुआ पवन ऐसी चली है।

लगता है हमारी नयी पीढ़ी को उठाने पे तुली है ॥

(361)

बड़ों का आदर करना - एक सभ्यता

सूरज ढलने से पहले नहीं चमकने का कोई कानून नहीं था।

पर

बड़े होते हुए भी बीच में बोले इतना चाँद मासूम भी नहीं था ॥

(362)

कई दिन से मौसम ने बेवफ़ाई की हुई है।

लगता है इसने भी हमारी महेबूबा से हरिफ़ाई की हुई है ॥

(363)

आया था तुझको मसीहा मानके।

जा रहा हूँ तेरी असलियत पहचानके ॥

(364)

उल्लू दिन को नहीं देख पाता इसमें सूरज का कोई कसूर नहीं।

फिर भी उल्लू से माफी मांगनी पड़े इतना तो सूरज मजबूर नहीं ॥

(365)

यहाँ पे बोलना मत, बस्तियाँ सब बेकार हैं ।

तुझे दिखती है भीड़ पर अंदर से सब भेंकार हैं ॥

(366)

बेईमानी करोगे तो बिका भी जाऐगा।

देश को बचाने का ईमानदारों का ठेका थोड़ी ना है ॥

(367)

जमीं पर बैठने का एक फायदा होता है।

अहंकार का अर्थींग हो जाता है ॥

(368)

मुश्किल वक्त में याद करना, जान भी हाजिर हमारी है।

सुख में पीछे पड़ी रहने की ढ़ाल सी तासीर थोड़ी हमारी है ॥

(369)

दौलत, शोहरत, मोहब्बत, जवानी, रवानी, कहानी

तेरे पास क्या क्या नहीं है?

लगता है ये सब गिनाने के लिए

तेरे पास बस एक मुनीमजी नहीं है ॥

(370)

मैं जिसका दीवाना हूँ वो मेरे दुश्मन के दीवाने हैं।

मेरी समझ के बाहर इस दुनिया में ऐसे तो कई अफसाने हैं ॥

(371)

तू मांग ले और वो दे दे इतना तू प्रभु का लाड़ला थोड़ी है।

लंबी कतार है मांगनेवालों की, इस दुनिया में तू अकेला थोड़ी है ॥

(372)

भलाई हो या बुराई, उदय हुआ तो अस्त तो हो के ही रहती है।

बुराई के मामले में सिर्फ संध्या नहीं खिलती है ॥

(373)

अनुभव का महत्व...

जिंदगी के खेल में हमनें कई बार अनुभव को आराम दिया।

लगता है जीती हुई कई बाज़ी को हमनें दूर से राम राम किया ॥

(374)

यहाँ तो पागल बनने में हरिफ़ाई लगी हुई है।

पता चला है कि पागलखाने में भरती निकली हुई है ॥

(375)

युवा हैयाओं के लिये....

जिनको ये दुनिया बहुत हसीन दिख रही है।

समझ लेना उनकी आँखें अभी देखना सीख रही है ॥

(376)

रिश्ते बनाने के लिए हौसले की ज़रूरत है।

और

टिकाने के लिए थोड़े फासले की ज़रूरत है ॥

(377)

विरासत में जो भी मिला है वो सब निर्विवाद है।

इतना तो हम पर बुजुर्गों का आशीर्वाद है ॥

(378)

ऐसी कोई शख्सियत नहीं जिससे हमारी बनी नहीं।

इसके अलावा और कोई मामले में हम इतने धनी नहीं ॥

(379)

इस पर दुनिया सारी बोल चुकी है, हम क्यों बोले।

तोली हुई तावीज को बार बार क्यों तोले ॥

(380)

हो सके तो बस इतना काम कर दो।

इनकी सारी बदनामी मेरे नाम कर दो ॥

(381)

रस्सी को सर्प समझकर मैं तो बहुत डर गया।
असलियत पहचानने से पहले तो मैं मर गया ॥

(382)

कोई भी हो, इतनी बात तो इस दुनिया से समझ के जाता है।
जब वक्त आता है तो वापसी दिनांक साथ में लिखके लाता है ॥

(383)

घर में नहीं खाने को राशन था।
इसीलिए
आज हमारा अनायासे अनशन था ॥

(384)

लगता है हमनें बड़ी भूल की।
जाते वक्त उसके पास से गुरु दक्षिणा नहीं वसूल की ॥

(385)

तुझे आश थोड़ी तेरी इबादत की थी।
मुझे मगर नहीं इसकी आदत थी ॥

(386)

कर्ण-कृष्ण को कहते हुए.....

कानों का कुंडल मांगना तो तेरा एक बहाना था।

तेरा असली मकसद तो मुझे युद्ध में हराना था ॥

(387)

गाँव में ही सच्चा जीवन....

लहर उठी तब पता चला की यहाँ पे कच्चा सा पवन है।

शहर से रूठे तब पता चला की गाँव पे सच्चा सा जीवन है ॥

(388)

हमें विमान चलाना आता नहीं

पर जी हजूरी की आदत से,

साहब के सामने शिर दायें-बायें घूमा नहीं ॥

(389)

हमने सहा है वो तुम सह नहीं पाओगे।

इस रेगिस्तान में बिना पानी तुम रह नहीं पाओगे ॥

(390)

परिस्थितियाँ सब प्रतिकूल सी हुई।

तभी तो सच्ची परख रघुकुल की हुई ॥

(391)

सामने लड़ने की तुम में हिम्मत नहीं इसीलिए तुमने प्यार किया।

तुम तो बहुत कायर निकले, सीधा सिने पर ही वार किया ॥

(392)

मैं अपने दुश्मन से कभी हारा नहीं।

गलती थी मेरी जो मैंने इसको मारा नहीं ॥

(393)

जीवन में दुख ही ढूँढने वाले लोगों पर....

पूर्णिमा की रात थी।

पर

पूरी रात हमनें अमावस्या की बात की ॥

(394)

गलत आदत दोस्त के सामने छुपाना....

इसकी ताश की आदत के बारे में हमको कभी बताया नहीं।

और

हमें रंज रह गया कि हमनें उनको मनाया नहीं ॥

(395)

परप्रांतिओ के लिये....

यहाँ पर मेरे पास कोई काम नहीं था।

इसमें भी

यहाँ पर मेरा राशन में नाम नहीं था ॥

(396)

खिले तो फूल पुरबहार, मगर ये बाग महका नहीं।

बैठे भवरे हज़ार, मगर यहाँ से कोई बहका नहीं ॥

(397)

दिन रहते ही हमारा वध हो गया।

इश्क की लड़ाई में, मैं तो जयद्रथ हो गया ॥

(398)

आस-पास की मंथराओं से थोड़ा सावध हो गया।

हमारा घर भी वो रामराज्य वाला अवध हो गया ॥

(399)

रोग का मूल-आहार में भूल.....

वैद्यराज भी बड़े बाहोश निकले,

हमारे रोग के मूल पे गये।

हम तो दवाइयाँ खाते ही गये,

और वो हमारे आहार की भूल पे गये ॥

(400)

मुक्ति के मोह में मानसरोवर तक दौड़ा।

पर

ना तो मैंने कुछ मन से छोड़ा ना ही तो मैंने मन को छोड़ा ॥

(401)

सुना था कि ऊपरी तट में बादल बहुत पतले नहीं।

गामवालों ने खुब मनाया फिर भी,

उस नदी के पट से हम निकले नहीं ॥

(402)

तेरी ये मुश्किले हालात का मैं कुछ नहीं कर सकता हूँ।

अंबर से चलती सरकार का मैं तो सिर्फ प्रवक्ता हूँ ॥

(403)

डकार के बावजूद भी जिह्वा ने हमको

उस भोजन से उठने दिया नहीं।

जवानी जाने के बाद भी उस वासनाओं ने

हमको ये जग से रूठने दिया नहीं ॥

(404)

हमने तो खाने में ऐसा कुछ परोसा नहीं।

फिर भी

अपने डकार पर उनको भरोसा नहीं ॥

(405)

जरूरियाँतमंदों को सहाय में कंजूसाई पर....

आस-पास के जानवर का सुख तालाब के पानी पर था।

और

तालाब को सुख जाने का डर था ॥

(406)

हमको सच्चाई समझने में

शायद थोड़ी देर हो गयी।

हम देखते ही रह गये और

सब सगाई पत्ते के महल की तरह ढेर हो गयी ॥

(407)

हिंदुस्तानी-जुगाड़ पर....

जुगाड़ के मामले में हम ऐसे-तैसे नहीं हैं।

बस हमारे पास सिर्फ पैसे नहीं हैं ॥

(408)

कश्मीर पर...

इतनी खूबसूरत वादियाँ हैं

और

तेरा कश्मीर आने से रदियाँ है ?

(409)

इस दवाईयाँ को हमनें बहुत खा लिया,

जिसका हमारे शरीर में रोग था ही नहीं।

इस वक्त का हमनें बहुत इंतज़ार कर लिया,

जिसका हमारी कुंडली में योग था ही नहीं ॥

(410)

"मौत" पर...

हम सब रोज रात को मरते हैं।
बस हम सबको ये पता नहीं है कि इसे "मरना" कहते हैं ॥

(411)

हे गुरुवर !

"आत्म-साक्षात्कार कब होगा ये मामला मन का सुलझाओ"

गुरुवर बोले,

"इसी क्षण तूने आत्म-साक्षात्कार नहीं किया है बस वो बात तुम मन से भूल
जाओ " ॥

(412)

उनको हमनें हमारा भविष्य जानने का मूर्ख भरा आग्रह किया।

वो बोले

" तूने अपने व्रतमान को पूरी तरह पहचान लिया? "

(413)

विभु बोले तेरे अगले जनम की थोड़ी फरमाइश मुझे बताना।

हम बोले

बस सब कुछ होके भी जी न सके ऐसा बुद्धिजीवी मत बनाना ॥

(414)

"स्वयं" की असलियत पर....

किसी ने बोला गंगा का है, किसी ने बोला गंदे नाले का है।

किसी ने बोला ठंडा है तो किसी ने बोला गरम है,

किसी ने बोला मीठा है तो किसी ने बोला खारा है,

बड़ी उम्मीद लगा के बैठा था कि कोई तो बोलेगा,

पर कोई नहीं बोला की ये "पानी" है ॥

(415)

हो सके तो बस एक काम कर,

तेरे पास का आईना मेरे सामने कर।

बड़ी मुश्किल से मेरे अहम को मैंने बुझाया है,

मेरी खुशामत करके तू फिर से उसे जलाया न कर ॥

(416)

तू डरा इसीलिए मैंने डराया,

तूने देखा इसीलिए मैंने तुझे दिखाया,

तू रोया इसीलिए मैंने रुलाया,

मैं भी क्या करता,

तुमको तुम से ज्यादा अपने आयने पर भरोसा था ॥

(417)

शोरबकोर करने वाले शख्स के चेहरे पे खामोशी छा गयी है।

लगता है अब उसे सही समस्या समझ आ गयी है ॥

(418)

मीठी सी /हल्की सी नींद पर....

मंद मंद मुस्कुराती लहर मेरे चेहरे पे आ रही है।

थकान बोली

"मिलते हैं कल किसी ओर बात पर,

अभी तो मेरी दुश्मन तेरी आँखों पे हल्की हल्की सी छा रही है "॥

(419)

तू प्यासा है और तेरे सामने सरोवर भी पड़ा है।

पर पीने से पहले तेरी पीने की औकात नाप लेना,

लम्हा तेरे लिए थोड़ी देर खड़ा है ॥

(420)

तेरी हयाती का पूरा फायदा मुझे अब मिल चुका है।

रूठना मत मेरे यार,

"मनाना पड़े " वो वक्त शायद अब जा चुका है ॥

(421)

हर काम में तू महारथी है।

लगता है कोई केशव तेरा सारथी है ॥

(422)

जब मंशा का अभाव होता है....

दौड़ने में शायद मुझे अंदर से ही जोश नहीं था।

मैं गिरा इसमें गुरुत्वाकर्षण का कोई दोष नहीं था ॥

(423)

इस संसार में इतना तो सच है कि,

कितना भी अंजान शहर क्यूँ न हो,

शाम ढलने तक शराबी को शराब,

कामुक को तवायफ का कोठा

ओर

मीरा को माधव मिल ही जाता है।

(424)

इंद्रियों का आक्रमण आता-जाता रहेगा।

मन का आक्रमण सदा रहेगा ॥

(425)

जहाँ घोड़े और गधे के काम में समानता है।

वहाँ मूर्ख बने रहने में ही महानता है ॥

(426)

मेरी कोई अलग से पहचान ही नहीं।

वो ही इस दुनिया में मेरी एकलौती पहचान है।

(427)

आसो की अमावस्या पर दीप जलाना तो है एक प्रणाली।

दिल मिल जाये वो दिन ही सच्ची दीपावली ॥

(428)

बसता है मुझमें तो मुझे प्रमाण चाहिये।

जीवन भर सारथी बने रहने की मुझे जबान चाहिये ॥

(429)

बिना किसी कारण जो हो रहा आनंद है।

समझना वो ही सचमुच में सच्चिदानंद है ॥

(430)

वहाँ पर सब पहले से ही सूचित था।

इसीलिए

वहाँ पर मेरा बोलना अनुचित था ॥

(431)

बाकी सब सवंत तेरी ।
बस सिर्फ बसंत मेरी ॥

(432)

न जाने कौन सा वक्त तूने कहा पे खर्चे हैं ।
तेरी जिंदगी के ज्यादा तेरे मौत के चर्चे हैं ॥

(433)

सत्य की शोध में तुझे नया कुछ नहीं ढूंढना है ।
बस, जो झूठ है इसे तुझे भूलना है ॥

(434)

सत्य छुप नहीं शकता....

आखिर ये शब्द तेरे होंठों पे आ ही गया ।
मेरा एक सच तेरे हजार झूठों पे छा ही गया ॥

(435)

किसी काम पे आया था तू इस धरा पर,
तूने तो यहाँ पर बसने का मन बना लिया ॥

(436)

ना मैं संत हूँ,ना महंत

ना मैं मौलवी, ना तो पादरी

बस मैं हूँ सिर्फ सत्य का पुजारी ॥

(437)

मुश्किल होगा लेना श्वास।

जब दो में से कोई एक पर ही करना होगा विश्वास ॥

(438)

दो दिन हुए रिश्तेदार बने।

पर

दोनों बराबर के ही बने ॥

(439)

जहाँ से तू गुजर रहा है, एक जमाने में वो हमारा रास्ता रहा करता था।

वहाँ के पत्थर से भी हमारा रिश्ता रहा करता था ॥

(440)

विधाता का लेख कोई नहीं बदल सकता....

होकर ही रहेगा विधाता का लिखा हुआ लेख,

बारिश में भीगने के दर से पेड़ के नीचे खड़ा रहा,

आयी पवन की लहर तो पूरा भीग गया ॥

(441)

जाग्रत ओर सुप्त दोनों अवस्था समान हैं....

नींद और जाग्रत में ज्यादा कुछ फर्क नहीं ।

पहले में झूठ को सच बताने का तेरे पास ज्यादा कोई तर्क नहीं ॥

(442)

साक्षात ब्रम लब्ज बनके उनके होंठों पे उतरे हैं।

भाग्यवान है हम, जो उनके बाद पृथ्वी पर उतरे हैं ॥

(443)

बिना पैसे जीने में ही असली बहादुरी.....

कोई बच्चा भी बन जायेगा बहादुर, अगर हो दौलत उनके सिने पे ।

असली बहादुरी तो है बिन पैसे के जीने में ।

(444)

तेरी जिंदा रहने की सब कोशिशें,

एक दिन जरूर नाकाम होगी ॥

(445)

किसी के प्रति का प्रेम अगर आपके मन में दूसरों के लिये नफरत पैदा करने लगे
तो समझना कि

तो वो प्रेम अंत में आपके लिये ही नुकसान कारक है

चाहे वो किसी व्यक्ति के प्रति हो या देश के प्रति।

(446)

मुल्क छोटा और बहुत ज्यादा है घराना।

माँफ कर दे यार, यहाँ पर मुझे नहीं है फसाना ॥

सब लोग गाते हैं अपना अपना गाना।

मिलके गाएं तो सजे संगीत सुहाना ॥

(447)

वहाँ की सब रस्में अलग थी।

समजो, यहाँ से उल्टी लगभग थी ॥

(448)

कल रात, मैं नींद में खूब रोया था।

पर

तब मुझे इतना तो पत्ता था कि मैं सोया था ॥

(449)

माना कि मेरे पास बहुमत नहीं।

पर

मुझे सत्ता में आना नहीं

और सत्य के लिये इसकी कोई ज़रूरत नहीं ॥

(450)

मेरे बाग के रंग बे रंगी फूलों की मुझे क्यों दाद देते हो।

मालिक नहीं में उसका, मुझे उनके कांटो की फरियाँद क्यों देते हो ॥

(451)

मैं तो इस धरती पर मेहमान हूँ।

यहाँ की सब रस्मों से अंजान हूँ ॥

(452)

ठोस ठोस से भरा था ज्ञान आँखों के ऊपर की अलमारी पर।

पलकों से निकाला एक अश्रु ने सब कुछ बहा दिया॥

(453)

समंदर के किनारे पर रहके भी हम जी गये।

ओर

तुम पर्वत की टोच पर होके भी मर गये॥

(454)

झूकने से हमारा शिर जायेगा वो हमको पता नहीं था।

दुश्मन इतना गिर जायेगा वो हमको पता नहीं था॥

(455)

बाप की कमाई तक हमें दुनिया बहुत नरम लगी।

अपनी कमाई में हम पर कंजूसाई की कलम लगी॥

(456)

बाढ़ आएगी तो सब कुछ बहेगा।

वोतो उसे वहम है कि रियाँसती रिश्ता उसे बचा पायेगा॥

(457)

जाने दो जमाने को आगे, हमको कहाँ जल्दी है।

भाग रहे हैं सब ऐसे, जैसे शाम को उनके पीठी में हल्दी है ॥

(458)

मैं आदमी हूँ,मैं औरत हूँ,ये सब तो बस अहम है।

अपने आप में से मन को बाद करो, बाकी जो बचा वो स्वयं है ॥

(459)

मेरे दुश्मन के ठिकाने का मेरे पास कोई पत्ता नहीं था।

ये लड़ाई इतनी लंबी चलेगी इसका मुझे पता नहीं था ॥

(460)

आज जो ये तेरी परिस्थिति है।

वो सिर्फ तेरी अलग अलग स्थितिओ में से एक स्थिति है ॥

(461)

इच्छा शक्ति की ज़रूरियाँत पर...

आस पास के इलाके में पानी तो काफी था।

बस अब तक मेरा तरसना सिर्फ बाकी था ॥

(462)

मेहनत का महत्व.....

तकदीर के ताल से शायद मेहनत हमारी जुड़ी नहीं।

गेंद तो आई थी दाईं, पर कलाई हमारी मुड़ी नहीं ॥

(463)

"सत्य" की लाक्षणिकता

सत्य हमेशा नित्य होता है।

ओर

जो नित्य होता है वो ही सत्य होता है ॥

(464)

करो, करो, सियासत जम कर करो।

पर देश के महान राजा हरिचन्द्र की थोड़ी सी तो शरम भरो ॥

(465)

मूर्ख था देवदास, गया तवायफ़ों के कोठे पर।

नजदीक ही था बेलुर मठ हुगली के तट पर ॥

खंड- II

(कविताएं)

तू एक स्वयं प्रकाशित सितारा है...............

अंबर से मैंने देखा है, तू एक स्वयं प्रकाशित सितारा है।

यहाँ की घनी घाटियों में फँसकर, अपने आप बना तू बिचारा है।

माना की बादल है बड़ा घना, पर ऋत वर्षा की रोज कहाँ रहती है।

समय के साथ बाकी सब बह जाऐगा, बस इस आसमाँ में एक सिर्फ तू ही रह जाऐगा।

आता है तो आने दे, जाता है तो जाने दे, होता है तो होने दे, तूने किसी को रोका नहीं,

पूरे संसार को चलाने का तेरा कोई ठेका नहीं।

किसी के लिखे हुए रंगमंच में तूने मुखड़े बहुत से पहने हैं,

बस गुनाह तेरा इतना की शाम को उतारना इसे तू भूल जाता है।

तेरा कोई अंदर का साथी तुझे भड़का रहे हैं

अपने फायदे के लिए तुझको तुझसे अगवा रहे हैं

माना की तीन बार खाना जरूरी है,

पर महलों में बसना कहाँ तेरी मजबूरी है।

तेरे अंदर का अहम जो मरना नहीं चाहता है,

वो तुझे अमर होने पर बार बार संदेह जता रहा है ।

(2)

तुम्हारी धड़कन की आवाज पर..........

तुम्हारी धड़कन की आवाज पर मैं गीत लिख रहा हूँ,

थोड़ा सा मुश्कुराके, थोड़ा सा धबराके,

तुम्हारे दिल की हकीकत लिख रहा हूँ,

थोड़ा सा गुनगुना के, थोड़ा सा हकला के

कभी नहीं सुना है वो संगीत सीख रहा हूँ,

तुम्हारी धड़कन की आवाज पर...............

थोड़ी सी आंखियों से, थोड़ी चहरे से

तुम्हारे भीतर की हालत सुन रहा हूँ.......

मरीचिका हो तो मालूम नहीं पर अभी तो

तुम्हारी आँखों में समंदर देख रहा हूँ .....

कभी हकीमों से कभी खिताबों में

तेरे दर्द की दवा ढूंढ रहा हूँ ...

——◆◆◆——

ये जग तो माधव की मधुशाला......

ये जग तो है माधव की मधुशाला,

हम तो बस ब्रिज की बिचारी बाला।

भूल जायें हम संसार की माया,

जो भी पीले उनके प्रेम का प्याला ॥

जप के उनकी माला,

चढ़ता नशा वो बोतलवाला।

रास रचेंगे, साज सजेंगे लगा के मन को ताला ॥

जमकर निभाएंगे अभिनय हमारा,

हम अभिनेता, ये हैं तुम्हारी नाट्यशाला ॥

देकर तुमको अपने जीवन की ठेकेदारी,

बन जाऊ में पंछी उड़नेवाला ॥

कर के रोज की दौड़ा-दौड़ी, नहीं हूँ मैं कुछ पानेवाला ॥

पता तो है मुझे भी, होकर ही रहेगा जो है होनेवाला ॥

दो पंछी बने नये नये से दीवाने हैं.......

पुरानी पीपल के पेड़ में दो पंछी बने नये नये से दीवाने हैं।

शहर के सारे अखबार में छपे हुए उनके अफसाने हैं ॥

मधुर गीत मत सुनाओं महबूब,

सुनने वाले कम और ज़्यादातर यहाँ पर फसाने हैं ॥

चलो पहचानियों के बीच में बन जाते हम अंजाने हैं ॥

कुछ वक्त ही हमको ये रिश्ते छुपाने हैं ॥

बदलते हर मौसम में हमें तो गीत गुनगुनाने हैं ॥

पछुआ हो या पूर्वा, हमें नहीं पैर डगमगाने हैं ॥

क़िस्से कई वफा के, इस जग में जानेमाने हैं ॥

हमें तो बस एक और बार उसे दोहराने हैं ॥

खायी है जो कसमें सदा संग रहने की,

इसके थोड़े हिस्से को आज आजमाने हैं ॥

(5)

तितली तेरा.....

तितली तेरा नाजुक सा ये अंग अंग,

रब ने कहाँ से ढूँढे हैं भरने को तुझे ये रंग बे रंग।

बन जाऊँ गुल जो बैठ जाये तू मेरे संग संग।

उड़ने से हवाओं में उठते तेरे ये तरंग तरंग,

खिल जाये मन हमारा, देखके तेरा उमंग उमंग।

रहके दूर, ना कर तू मुझे बहुत तंग,

पुकारे तुझे मेरे उपवन का ये अंग अंग।

तू उड़ती रहे, उड़ाता रहूँ मैं, हो के पतली सी पवन,

साथ साथ खेलते रहे हम, मेरा मन ओर तेरा बदन।

— ∞∞ —

(6)

पछुआ से कोई पवन चली है.......

पछुआ से कोई पवन चली है,

तेरे होने की खबर मिली है ॥

रहते हुए एक दूजे से मीलों दूर,

दिल ने दिल की महक झीली है ॥

बनके भंवर गूँजता रहूँ मैं,

दिल की झील में प्रित की कली खिली है ॥

होंठों से तुम चुप ही रहो,

चाह की राह में खामोशी बड़ी रसीली है ॥

मिल न पाये तो एक झलक ही सही,

प्यार में नजर भी बहुत नशीली है ॥

मिलन की हमें जल्दी नहीं,

राहे इंतजारी बड़ी जोशीली है ॥

━━━⋙∽⋘━━━

थरपारकर/जैसलमेर के लिये......

नगरी है सोनेरी और आस-पास रेत के फूल खिले हैं।

समझो चारों-ओर बिन दीवार के भूल-भूले हैं ॥

दूर नजर लगाओ तो लगता सामने ही गगन गिरे हैं।

बैशाखी में बिन आग उठते आँधी के अंगारे हैं ॥

भेड़-बकरियों के बीच यहाँ लघुमती में मानव सारे हैं ॥

समझो स्वर्ण से पानी का मोल यहाँ पे थोड़ा भारी हैं ॥

होका के सिवा सारे साधन यहाँ पे हारे हैं।

जिंदा होने पर भी तू मुर्दा है।

अगर तूने नहीं देखा ये थरपारकरे हैं ॥

(8)

बहती नदियाँ की धारा.......

शंकु से भरी वादिया और बहती नदियाँ की धारा।

तुम ही बताओ प्रिये, कैसे बहका न जाये मन हमारा ॥

फूलों से भरा आँगन और बैशाख में ठंडी पवन।

और क्या चाहिये मनवा, तुझे जीने के लिये ए जीवन ॥

उड़ती-फिरती तितलियाँ और दूर से दिखता गिरि,

काले घने बादलों के नीचे श्वेत परिधानी पहाड़ीयाँ,

बैठा रहूँ सामने वो मकसद बन गया जिंदगी का आखिरी ॥

━━●●━━

तू लौट के आजा मेरे देश ......

ओ पंछी, तू लौट के आजा तू मेरे देश।

हवा के झोंके से भेजता हूँ मैं तुझे ये संदेश।

खा के कसम खुदा की कहेता हूँ कि,

अब मैं नहीं बदलूँगा अपना वेश।

बहुत पछताया हूँ मैं,

नहीं करके प्रकृति में कोई निवेश।

जिसने मुझे पाला-पोषा,

नहीं माना मैंने उनका कोई आदेश।

नहीं छोड़ना माँ का आँचल कभी,

इतना तो मुझे मिल गया है उपदेश।

(10)

देखके तुम्हें ख्वाबों में, पढ़के तुम्हें खिताबों में.....

आ रहा है खूब मजा देखके तुम्हें ख्वाबों में,

पढ़के तुम्हें खिताबों में.......(2)

छा रहा है खूब नशा रहके तेरी बाँहों में,

सुनके तुम्हें अफसानों में ....(2)

मिल रही है गुलाब सी खुशबू बसके तेरे इलाकों में,

देखके पुरानी तस्वीरों में.........(2)

लगता है डर बहुत, बिछड़ने की बातों से

तुम्हारे मासूम सवालों से...........(2)

भर गयी है अलमारियाँ सब, अब तुम्हारी यादों से

तुम पर लिखे हुए छंदो से ....(2)

चुरा लिया है तुमने हमको उन नशीली निगाहों से,

उन हठीली मंशाओ से ....(2)

मरके भी ना बिछड़ेंगे हम,

आ के तेरी पनाहों में........(2)

〰

बस तुम बसंत को आने दो.........

खिल जायेगी फिजा बहारों में, बस तुम बसंत को आने दो।

निखर जायेगी धूप हवाओं में, बस तुम बसंत को आने दो।

बिखर जायेगा ये अंधेरा सितारों में, बस तुम इस सवंत को जाने दो।

सहके रूत ये गिस्म शिशिर की, बसंत की अहमियत उसे तुम समझाने दो।

गूंज उठेगा आँगन सुरों से, बस उन पंछीओं को तुम गाने दो।

छू लेगा ये आसमाँ कुछ ही लम्हों में, बस उसकी पंख को तुम फैलाने दो।

निकल जायेगा डर नाकामी का, बस थोड़ी सी लड़ाईयाँ उसे तुम हारने दो।

सह लेगा वो लहू काँटों का, बस उसकी राहों में तुम जाजिम फूलों भरी मत बिछाने दो।

खुल जायेगा कंठ उसका कविताओं से, बस तुम उसे गले से थोड़ा गुनगुनाने दो।

सच की खातिर सिरच्छेद कर, तुम इतिहास उसे अपना दोहराने दो।

जी के थोड़ी सभ्यताओं से, संस्कृति उसकी तुम संवरने दो।

बस तुम बसंत को आने दो ....

(12)

ओ मधुमखी....

कमाल है तेरी नजर ओ मधुमखी,

ढूंढ लेती है शहद अलग अलग फूलों मे।

हम तो बिचारे मानव,

सिर्फ हँसी ढूंढ सकते हैं औरों की भूलों में।

कैसे बना लेती है एक सा स्वाद

अलग अलग गुलों से।

होकर हम मानवसभी,

आते हैं अलग अलग कबीलों से .

भाग्यवान है तू,

स्वरक्षा के लिए छोड़ सकती है ज़हर भरा काँटा तुम्हारा,

नीला बन गया है दिल बिचारा,

ना छूटने से जिह्वा का ज़हर हमारा।

ये नजर भी क्या चीज़ है.........

ये नजर भी क्या चीज़ है, कभी न समझ नहीं पाया दिल ये हमारा।

लग जाये तो दुश्मन ये जमाना हमारा

और

ना लगे तो जमाने में मैं बिचारा........... नजर भी क्या चीज़ है

किसी को लगे कुंजा बड़ा प्यारा

कोई देखे मिट्टी का रूप इसमें दुबारा .... नजर भी क्या चीज़ है

हम को लगे दिन में कहाँ गया ये सब सितारा

उल्लू को तो दिन में भी दिखे सारा ये सितारा......... नजर भी क्या चीज़ है

———❦———

चल मिल बांटते हैं मिलकत ये वारसदारी.....

चल मिल बांटते हैं मिलकत ये वारसदारी।

शहरे, शोहरते, सरहदें ये सब तुम्हारी,

ये घाटियाँ, ये वादियाँ, ये नदियाँ ये सब हमारी।

तुमको पसंद होगी ये इमारतें भारी भारी,

मुझे नहीं पसंद है मेरी माँ का रोना बारी बारी।

जिसको तूने पाला-पोषा, इससे ही तू हारी,

कुछ नहीं है माँ, सिवा समय की बलिहारी।

खेल ले तू भी अपना खेल अपनी माँ को मारी मारी,

आखिर आना पड़ेगा उन आँचल में, समझ लेना ओ व्यापारी।

पत्ता है मुझको भी, खेल रहेगा तेरा ये जारी,

जब तक मेरी माँ नहीं बनेगी महाकाली ॥

लेजा तू ये उदासी.......

लेजा तू ये उदासी,

अब वो मेरे कोई काम की नहीं।

बेनाम बन गया हूँ मैं,

अब मुझे कोई ख़्वाहिश मेरे नाम की नहीं।

मत पुकार मुझे दूसरे कोई नाम से,

"स्वयं" मेरा सर्वनाम ही सही।

रोना, हँसना, दोलत, शोहरत - लेजा तू मुक्त के दाम में,

सड़ जायेगा ये सब ऐसे ही मेरे गोदाम में।

तुझे भरोसा होगा तेरे नाम में,

हमें भरोसा है अपने राम में ।

नाप ने को मुझे बदनामी ही मिलेगी,

क्योंकि

अपना तो कोई आयाम ही नहीं।

हम वहाँ के नवाब हैं,

शाश्वत खुशियाँ जहाँ की आवाम है।

(16)

ओ बहती धारा तेरा......

ओ बहती धारा तेरा,

लगता है पत्थर कोई मीत।

मिलके उसे सुनाती है तू मधुर संगीत।

ना वादन, ना गायन

मिलन से ही है तेरा संगीत। ओ धारा तेरा......

थम जाये दो पल उनका मन,

जो सुनले कोई तेरा ये मधुर मिलन। ओ धारा तेरा ....

चाह की राह भी है कितनी अजीब,

पत्थर-दिल पाषाण भी होता है धीरे धीरे खंडित। ओ बहती धारा तेरा.......

❦

चलते रहे ये सिलसिले.....

थोड़े हम चले, थोड़े तुम चले।

चलते रहे ये सिलसिले।

मिटते रहे ये फासले ॥

जा के हम वहाँ मिले।

अंबर को जमीं जहाँ मिले ॥

थोड़े दिलवाले हैं, थोड़े हैं मनचले।

हम नहीं हैं रुकनेवाले।

चाहे जो भी कर ले ये दुनियाँवाले ॥

कांटों के बीच में हैं थोड़े फूल खिले।

रास्तों में हैं बड़े बड़े भुलभूले ॥

रात के सपनों में दिखते हैं दिन के उजाले।

ये इश्क के रास्ते भी हैं मरीचिका जैसे चमकीले ॥

(18)

इस जहाँ को छोड़के हम......

इस जहाँ को छोड़के हम तेरी बाँहों में सो गये।

मानों ये ज़मीं छोड़के हम आसमाँ में खो गये ॥

मुश्किलों को पार कर हम मंजिलों से मिल गये।

जैसे पर्वतों को छोड़के हमसमंदर से मिल गये॥

दिमागों से निकलकर हम दिलों में बस गये।

मानों महेलों को छोड़ कर हम जंगलो में बस गये ॥

चौड़े रास्ते छोड़कर हम तेरी गली में मुड़ गये।

मानों गैरों को छोड़कर हम अपनों से जुड़ गये।

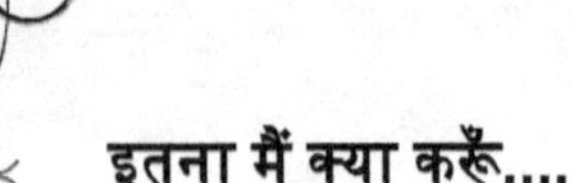

इतना मैं क्या करूँ.....

चारों वेदों को पढ़के मैं क्या करूँ,

मुझे तो इसके सार की ज़रूरत है.......

सात समंदर को मैं क्या करूँ,

मुझे तो प्यास बुजाए वो पानी की ज़रूरत है.......

कट्टा बोरा धान का मैं क्या करूँ,

मुझे तो मूठीभर चावल की ज़रूरत है..............

सारी सहस्त्र सेना को क्या करूँ,

मुझे तो सिर्फ केशव की ज़रूरत है.........

आलीशान महलों को मैं क्या करूँ,

मुझे तो सिर्फ बिस्तर की ज़रूरत है.......

पूरी वानर-सेना को मैं क्या करूँ,

मुझे तो सिर्फ हनुमान की ज़रूरत है.......

इन लाल जाजमो को मैं क्या करूँ,

मुझे तो सिर्फ चाखड़ी की ज़रूरत है....

ये साल बहुत ही भारी है........

रेगिस्तान में तूफान और समंदर में सुनामी है...

लगता है ये साल बहुत ही भारी है........

शहर में सूखा और पहाड़ों में भारी बर्फबारी है....

लगता है ये साल बहुत ही भारी है........

हरिफ़ाई की होड़ में ईमान की नीलामी है.........

लगता है ये साल बहुत ही भारी है........

सरहद से शुरु हुई चुनाव की तैयारी है............

लगता है ये साल बहुत ही भारी है........

स्नातकों की संख्या पर बेकारी भारी है............

लगता है ये साल बहुत ही भारी है........

यही मेरा सुबह का सपना हो......

अपनों की पंक्ति में नाम तुम्हारा सबसे आगे हो,

सोचता रहूँ में काश, यही मेरा सुबह का सपना हो ....

मेरी ज़िंदगी के आसमाँ का,

तुम ही चाँद-सितारा हो ....

जा के बस जाऊं मैं वहाँ,

जहाँ से तुम रोज गुजरते हो ....

रोज आ जाऊं में भरने को पानी,

तुम्हारा आँगन ही अगर मेरा पनघट हो.........

मर जाऊँ बीच समंदर अगर,

तुम ही उसका किनारा हो ....

बहता रहूँ बनके धारा उनकी,

अगर तुम जो सरिता हो ....

(22)

तेरे नाम आसमाँ का एक सितारा किया ....

तेरे नाम मैंने आसमाँ का एक सितारा किया,

तू न आई तो मैं जिंदगीभर कुँवारा जिया ......

तेरे नाम मैंने ....

तेरे कारण ही मैंने अपना दिल आवारा किया

तेरे नाम मैंने ....

लाख कोशिश के बाद मैंने तेरी दूरी को गवारा किया ...

तेरे नाम मैंने ....

दिन रात हमारे प्यार का मैंने पहरा किया

तेरे नाम मैंने ....

दिन ब दिन हमनें ये रिश्ता हमनें बहुत गहरा किया

तेरे नाम मैंने ....

तुमारे कारण ही हमनें दुनिया से किनारा किया

तेरे नाम मैंने ....

तुमने ही हमको जीने का सहारा दिया

तेरे नाम मैंने ....

तुमने ही हमारे सिने में दिल होने का ईशारा किया

तेरे नाम मैंने ....

तुमने ही जीवन के सुख-दुख का सही बटवारा किया

तेरे नाम मैंने ....

सबके सामने यही बात को मैंने बार बार दोहरा दिया

तेरे नाम मैंने ....

तुम्हारी वजह से गैरों से मैंने कई बार टकरा लिया

तेरे नाम मैंने ....

(23)

यादों का ये कहर हल्का हल्का....

तेरी यादों का ये कहर हल्का हल्का,

मेरे सिने से जो उतर रहा है.। .... (2)

मेरी पलकों का ये बांध छलका छलका,

मेरे चेहरे से तो टपक रहा है ....(2)

तेरी मेहँदी का ये रंग पक्का पक्का,

मेरी चाहत को जो हकार रहा है..... (2)

तेरे माथे का ये टिक्का टिक्का,

मेरे प्यार का जो प्रमाण रहा है ...... (2)

मेरे चहरे का नुर ये फिका फिका

तेरी झलक को तलाश ये रहा है ....(2)

तेरे चेहरा सा ये तड़का तड़का,

मेरी ज़िंदगानी सँवार रहा है ....(2)

तेरी बातों से मन बहका बहका,

तेरी ओर मुझे जो पुकार रहा है ....(2)

तेरी आँखों पे ये दिल अटका अटका,

तेरी नजरों से ये मचल रहा है ....(2)

———❧———

(24)

ये ख़याल मगर मुझे आया नहीं......

सुबह जब उठा, मेरा आँगन फूलों से भरा था।

इतना रंग किसने भरा,

ये ख़याल मगर मुझे आया नहीं ॥

रात को मैं जमकर खाया, इतना सारा किसने पचाया।

ये ख़याल मगर मुझे आया नहीं ॥

अंबर अगन जेलता था, अषाढ़ आते ही बादल कहाँ से आ गया।

ये ख़याल मगर मुझे आया नहीं ॥

गाय को तो चारा दिया, आँचल से दूध कैसे आया

ये ख़याल मगर मुझे आया नहीं ॥

सूखा बीज बोया था, पानी मिलते ही कैसे अंकुरित हो गया

ये ख़याल मगर मुझे आया नहीं ॥

———∾∾———

"स्वयं " पर

धीरे धीरे से ये धुवाँ बिखर रहा है,

धीरे धीरे से तू नजर आ रहा है।

कई दिन से छाया था कोहरा घना,

अब धीरे धीरे से धूप निकल रही है।

रात भर शोर मचाया लोमड़ियों ने,

शेर को सुनते ही ये शोर थम रहा है।

उम्र गुजर गयी ढूँढने में तुझे बाहर में,

चुपके से छिपा था तू भीतर में,
वो राज अब धीरे धीरे खुल रहा है।

*****

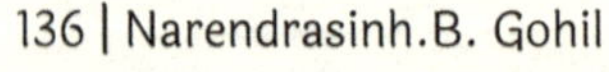

www.ingramcontent.com/pod-product-compliance
Lightning Source LLC
LaVergne TN
LVHW091714190726
843493LV00001B/297